海莉·伯特琪 著
周秀玲 譯

推薦序

男人殷殷渴望一位百分百懂他的女人，而女人苦苦尋找一位百分百愛她的男人。在愛情追逐法則裡，女人刻意打扮自己迎合男人的口味無可厚非，不過，絕對不能失去原有的自我，畢竟有自信的女人才是男人的最愛。

知名兩性作家及電視廣播主持人 小彤

推薦序

終於有250個見義勇為的男人跳出來，把女人一直被蒙在鼓裡的諸多《真相》說個明白。親眼目睹過《女人百分百-男人心中的最愛》，女人面對男人，終於能知其然，而且知其所以然！

暢銷愛情小說家 谷淑娟

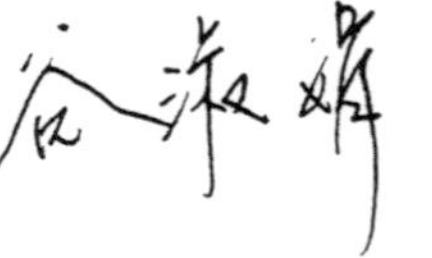

推薦序

【愛上女主播】的尹理事說：「愛一個人，若不是全部，就等於零。」

所以我並不在乎自己完不完美，我只在乎自己是不是你心目中的那個百分百女人。

新生代哈韓掌門人 黃依藍

作者自序

這本書不是要說什麼花俏詭異的東西。你是否也有這樣難以形容的時刻，覺得自己除了「誠實」二字之外，再也無法裝得正經八百和全然的理性。這本書以男性為對象，請他們針對20項關於「性」和「男女關係」的觀察研究問題，袒裎相對、毫無防衛地解答。這本書最為瘋狂的部分在於對這樣赤裸裸的問題，竟然真有250位男士確實地回答，造就這本書的誕生。

假如讀者有興趣我如何想到寫這樣一本書，這段長篇故事最好是等我們翹起二郎腿、配上幾打啤酒，再來好好的聊上一回，不過，現在我可以告訴你比較仁慈的摘要版本。出版這本書是因為我最近離婚且「重新開始」。就技術層面而言，不管我處於任何狀態，我隨時感受到這些人應該都是人類，我發現自己不斷想要挖掘出更適合這些男人的頭銜，想要知道男人究竟是怎樣的生物。同時，受到前面提及非常輕微的認知偏差影響，讓我決定強忍尷尬直接詢問這些生物。

不管是在我的辦公大樓前的人行道上抽煙的男人，或者是在遇到紅燈時，正好停在我旁邊的傢伙，都是我遞出問卷查詢的對象，當然，也不要忘記可以經由寬廣無邊界的網路詢問到的匿名者，還有在美國線上那些更為坦率直言、富有魅力和反映真實的網友的答案。

原本我以為會收到一堆垃圾，需要花時間加以篩選，比方說那些惡作劇、虛張聲勢的，比方說「寶貝，沒有問題，瞧我用那話兒回答」之類的答案，但是事實並非如此，全然沒有類似的答案。我收到的回應完全不拐彎抹角、充滿智慧、詞意清晰且相當可愛，用心閱讀就能體會出真誠、有質感和市面未聞的聲音。這些參與問卷的男人，從22歲到72歲都有，平均年齡38歲，來自全美47州各種職業的朋友們。

至於書中那些和參與者的簡短對話，用意在於讓每一位受訪者在回答問題時，盡量不受到任何打擾。假如這一本書可以單純的成為坦白的園地，那正是我對本書所寄望的結果。

從這本書，我已經知道在男人心中，女人的胸部不必要大，至少不必要那麼大，在做那件事的時候，牙齒會造成疼痛（我想讀者知道是哪件事，而且男人喜歡對女人這麼做的）。在半公開場所的性行為、以及適度的奴役和無所不在的多人性行為，在想像中一直存在著，這些至少包含不光只是「性」而已，而是你關懷的能力，可以不顧規範享受接到電話的快樂。當你快刀斬斷它，彷彿有那麼一點流血的反應哦。我也學會真的永遠比假的騷貨要好，還有，絕對不要低估歡樂和微笑的重要性。

和這些參與者之間誠懇與親密的分享答案，令我增長見聞，讓我感覺到內心的某個角落，愛上這麼多位參與問卷調查的男人。

TABLE OF CONTENTS

目錄

TABLE OF CONTENTS

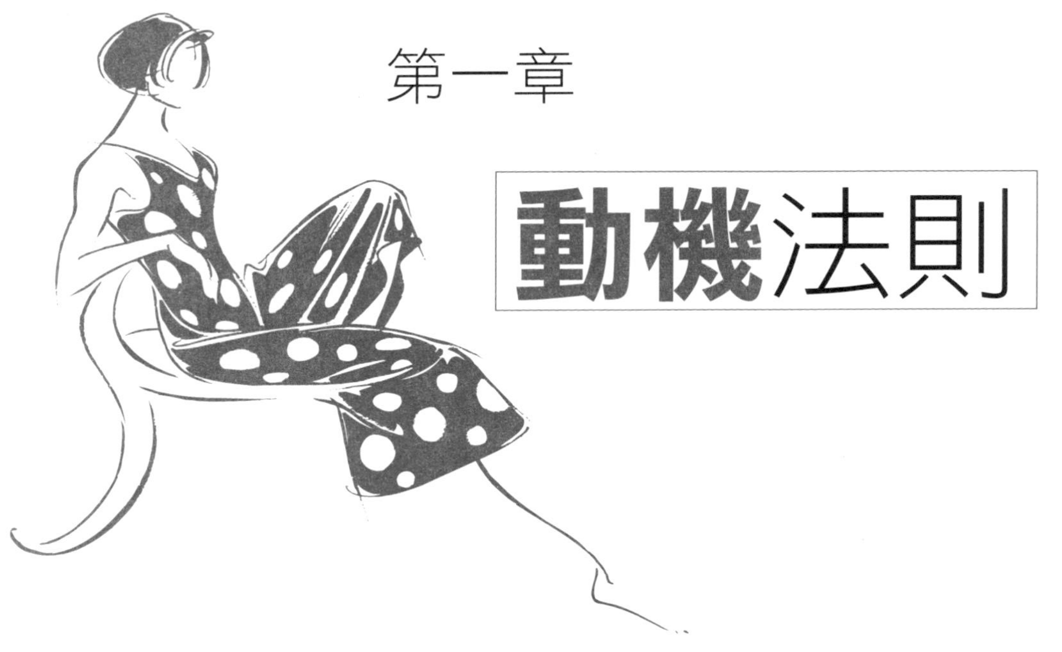

第一章

動機法則

Men and Women really part ways when it comes to

男女最大的差異為何？

聊到雙方感覺的時候，真的是男女反應大不同。男人通常會奪門而出。

—33 歲，建築師

男女幾乎對於每一種事情的反應都大不相同，最明顯地，是在描述美好性經驗的方式。男人通常會說，昨天的性經驗真是美好。女人的說法會是，兩個獨立個體的生命連結。

—29 歲，DJ

無法從對談中了解對方的動機和含義。當我說：「不」，她聽見我說「可能」。當我說：「當然」，她會問我「為什麼？」，或者她會說「你不是真的想要這樣，對不對？」

—35 歲，水管工人

性關係、食物、汽車、小孩、房屋、衣服、電視、收音機、餐館、電影、寵物、社會。

—40歲，心理學家

因為總是要用到錢呀！我想最主要的原因在於男人比女人更加講求實際。多數的男人只在需要某樣東西的時候才會上街購物，而且直接去販售該物品的地方購買。至於每一位在我記憶中的女人，都熱愛逛街，看到不錯的東西她們就會購買，就算她們手上沒錢，只是櫥窗前面逛逛也很開心。假如你供不起這樣的消費，為什麼要剖心掏肺。

—43歲，會計師

問路。提到這個問題，當真是沒有什麼道理可言，我發現，根據男人和女人在這個問題的反應所區分的類型不勝枚舉。

—48歲，公司顧問

研究女人，你就會知道男人有多麼單純。

—42歲，大學助教

Men and Women

她們究竟想說什麼。

— 34 歲，銀行專員

解決衝突的方式。

— 47 歲，經理

多數男人認為整體性是最重要的，對於女性似乎細節才重要。除非女人可以超越「因為無法滿足細微末節」所引發的憤怒和怨恨，否則女人就看不見整體。男人通常因為說了一句「幹麼這麼沮喪，這又不算什麼。」就把彼此關係搞砸。

— 37 歲，環保行動主義者

溝通。女人講話像電碼一樣滴滴答答，男人則不發一語。

— 42 歲，顧問

面對初次見面的美女，確實會讓男人亢奮想和她們上床。女性的話，通常不會對眼前的陌生人覺得亢奮。

— 42 歲，工程承包商

男女最大的不同，在於開始持續交往時，對彼此的期待。男人接受的是眼前的女人，了解眼前的樣子有可能惡化。女人視男人為「未經研磨的鑽石」，總有一天可以將他雕塑成自己理想中的男人。

—44歲，地質學者

最大的差別，應該是男女對於某個人的批評。雖然女人們的尊稱是撫育後代的人，其實更是受到男性指責的長髮魔女。當我走進一間幾乎坐滿女性的辦公室，男性當場變成白痴、豬公、低能兒，不然就是騙子。假如男人參與一群正在聊天的女性之中，男性通常只有一個結論「這些女人到底要什麼？」

—34歲，製作人

對待夥伴的態度。當我對女人體貼、可愛和羅曼蒂克，她的反應猶如我是個低等動物。反過來，女人以同樣的態度對待我，我會感激涕零、充滿詩意地感激上帝將她賜給我。現在我已經學會對於我下一個有受虐傾向的女人，施展哪些花招。

—48歲，工程師

Men

Women

女人百分百

以溝通為主的時候，最容易看出男女間最大的差異。女人的溝通不是為了辨識或者解決問題，她們溝通只是為了說出自己的感受，讓旁人知道。男人的溝通行為，則為了解決問題。當某位女性懷有疑問的時候，通常會讓男人覺得受挫，因為當男人嘗試著可以幫上忙的時候，女人會說「沒有關係」。如果男人一直試著要「修正」某位女人的問題，反過來就輪到女人感到挫折。

—28歲，電腦技術員

對於親密關係和承諾的定義不同。

—37歲，督察

操控他人的能力。女人研究男人比男人研究女人是更加的精細。

—37歲，作家

說話不為任何理由。

—46歲，樂師

對待夥伴的態度。當我對女人體貼、可愛和羅曼蒂克，她的反應猶如我是個低等動物。反過來，女人以同樣的對於事情輕重的判斷。多數的女人不明白工作的重要性，不光只是對於收入的計劃，她們也不知道藉此讓腦筋靈光，讓自己隨時注意當下的事務，同時，轉移到對生命的熱情。我遇過許多女人，她們認為自己可以隨時離職、放自己一個暑假、換成兼職工作，只因為她們是已婚者。如此的理由，令人難以想像。從女人的穿著、社交生活到運動，你所得到的結果都一樣。

— 35 歲，財經企劃專員

性：男人隨時想著發生性關係，女人則要求浪漫，並且希望在多數的時間是被取悅的角色。

— 33 歲，會計師

男人的運動方式。我所認識的女人當中，極少數人可以了解，為什麼當我身在運動場合，會從一個溫文儒雅的紳士，變成有暴力傾向的瘋子。

— 32 歲，資訊指導員

女人百分百

粗魯程度，喝酒和打架。

— 51 歲，工程師

對於人生的看法。除了爭取男女之間的平等，男性對於人生的看法，依舊以他們所做的事情作為衡量的標準，至於女人，基本上是以家庭生活為衡量標準（例如：單身還是已婚？以及有沒有子女等。）

— 45 歲，房地產經紀人

男女對於享樂的看法（例如休閒生活的種類）、他們記憶中的事物（對於事物的感情反映），以及他們所注重的事情都不相同。

— 45 歲，律師

直覺。

— 43 歲，消防隊員

女人不該主動打電話追求男人嗎?

簡直是天大的笑話，讓人忍不住要問，我們到底生活在幾世紀了。

—43歲，自由工作者

傻子才這麼想。這個問題讓我想起以前最喜歡的一句引言：「女人只要從另一個女人口中獲得有關男人的資訊，通常都是錯誤的。」

—38歲，戶外泛舟指導員

狗屁不通，我們都熱愛追逐刺激感。如果反過來受到條件不錯的女人的追求，會更加的刺激。就我個人而言，我偏愛積極的女人。

—30歲，木匠

溝通是重要的事情，不值得浪費時間討論這樣的議題。

35歲，會計師

女人百分百

我完全不能接受這個說法。假如回顧我的人生，有幾段比較美好且成功的交往，都是對方先採取行動的。

—44 歲，網頁設計師

對於其他的男人或許成立，就我而言，我比較喜歡主動的女人。假如女人想主動打電話交個男友，那就打吧！我倒很好奇，是從哪裡找到這種可笑的追求理論，不會是從 007 的電影吧？

—38 歲，工頭

我不喜歡「追求」這個字眼，我甚至很久不知道怎麼去「追求」，因為我已經結婚太久了。我想，只能說我比較欣賞誠懇的心態，而不希望只是一場追逐遊戲。

—41 歲，大批發經理

我一點也不會排斥女人主動打電話給我，同時也不會減低她想追求我的感覺。

—51 歲，財經顧問

鬼扯！男人就像其他任何人一樣會害羞和膽怯，假如女人看上某個男人，同時產生心靈互動，就不要再等待，我最討厭追求一個人要用到心機。一些支持死纏爛打的舊禮教者，也認為男女交往的遊戲規則早已不一樣。因此，還是趕快把舊觀念丟到一邊，把握眼前的機會。

一 35 歲，財經企劃專員

我可不喜歡成為那個老是在追逐的人，偶爾成為獵物也是蠻不錯的。總而言之，最奇妙的部分在於產生關聯時的神奇反應，而不是由誰主動的問題。

一 35 歲，教師

我很喜歡女人主動打電話給我，這會讓我覺得自己很特別，讓我覺得她思念著我。當然我也喜歡追逐的感覺，只不過以我的年紀，我會希望有些回饋。

一 40 歲，供應商

Men

and

Women

really

part

ways

when

it comes

to

完全是胡說八道，男人當然是喜歡那種「追逐的刺激」。你可能不相信，就是因為追求的過程的快樂，比起得手時的勝利感更加刺激，所以我現在還刻意放慢追求的腳步。總而言之，假如一位我所欣賞的女性打電話給我，我可不會說：「不行，這樣太容易得手了。」唯有呆頭鵝和神經病才會有這種反應，主動的意思並不是女人穿著睡衣來到我家大門，然後直奔臥室。這場遊戲並未因女人主動迅速結束，只是變得比較容易。

—26歲，廣告個案經理

對於男人而言，能夠引起一位有智慧的美女的注意力，是最大的恭維。別提打電話來了，光是在交談的過程中，對方輕輕觸碰一下我的手臂，都會讓我神采飛揚。

—61歲，退休的廣告公司總裁

平等。有時主動追求，有時被當作獵物，重要的是運用機智。

—44歲，電腦工程師

一個熱愛追逐的男人，不容許自己成為籠中物。

—34歲，程式設計師

天呀，當然是否定的。我喜歡我的女人打電話給我，尤其是需要打長途電話的時候。

—45歲，公司負責人

男人和女人一樣喜歡接到異性打來的電話。

—39歲，生產線工人

男人喜歡接到電話，不過可不是緊迫盯人。女人切忌。

—53歲，公務員

錯誤。我喜歡被追求，卻痛恨被盯梢的感覺。

—28歲，股票分析師

讓男人安靜地工作，想打電話的時候，等到傍晚他的工作熱度降低的時候再打。

—42歲，公司經理

女人百分百

假如認為一個人不應該對另外一個人採取行動，就等於是放棄找到適合自己對象的機會。有很多極佳的友誼和兩性關係，放到有這樣的想法的人的身上是不可能發生的。

—49歲，新聞記者

我不在意成為被追蹤的目標。換言之，當一位女人讓自己成為容易得手的人，自然表示她對誰都有興趣。若是跳圓圈舞的機率減少，就表示約會機率增高（至少我本人厭惡這種舞蹈）。

—38歲，承包商

我不介意接到電話，因為那就表示對方確實對我有興趣，相對地，表示我可以展開追求的行動。假如對方也有興趣的話，我確實喜歡反過來當那個被追求者。就這個觀點而言，我贊成這個問題。

—29歲，急診室人員

天啊！不，我已經是老狗玩不動新把戲，拜託一下，假如妳喜歡我的話，就要讓我知道。

—44歲，地理學家

男人可能看不出來女人是否對自己有興趣，除此之外，男人會想為何總是當位被女人拒絕的男人。「難以得手」和「好女孩不會這麼做」全是落伍道德思考的想法所產生。

—31歲，程式設計師

可笑極了。多數的男人會畏懼被他們有興趣的女性拒絕。在多數的案例中，男人寧可追求對自己有興趣的女人，也不想踢到鐵板。

—48歲，作家

Men and Women really part ways when it comes to

女人有可能十分的積極，但是並未注意到「需求度」。女人可以隨時改變為主動的狀態。

— 49 歲，電子工程師

是的，這個問題之中牽涉到運動的元素，以一個男人的立場而言，絕對不會排斥女人偶爾採取行動。錯誤的是，我們並不認為這是一個男人獲勝之類的表示，而是一個關懷和相互吸引的象徵。

— 27 歲，軍人

假如女人讓我知道她對我有興趣且願意和我約會，我覺得很好。打一通友善的電話跟我聊天，或者是用電話提出第一次的約會都好。不過千萬不要藉此想要榨乾我每一秒的空閒時間來相聚，假如我也有興趣，我也絕對會找出和對方相聚的方法。

— 43 歲，機器維修人員

錯！我認為女人打電話給男人是件好事，但是可不是一天到晚電話打個不停，同樣地，男人也可以打電話給女人，我想這是各半的、平等的事情，只不過打電話可不要打得太兇。

—52歲，電子工程師

絶大多數是美好的經驗。

—44歲，自由工作者

Men

Women

能和女性朋友存有柏拉圖式的純友誼嗎？

有呀，在發生性關係之後（開玩笑的）。我有不少的女性朋友。

—34 歲，音效師

純友誼絕對是存在的，不論男女之間演變為哪一種形式的情誼，都應該先從做朋友開始。

—35 歲，電腦技術員

當然存在，我與女性相處比和男性相處好得多，女性的心靈像我一樣，比較柔和且善良。或許我應該生為女人....，下輩子吧！

28 歲，股票分析師

是的，我曾經有位交情長達七年的女性朋友，她是我最好的朋友。

—49 歲，公司董事

理論上，女性朋友是存在的，但就經驗而言，不曾有過。

— 53 歲，會計經理

我擁有許多純友誼的女性朋友，正如同電影「當哈利碰上莎莉」中，比利克理斯多福所說的：「總歸最後，你還是會想和她（們）上床。」

— 36 歲，技師

我相信女性友誼存在，只不過難以維持。因為在與女性維持深厚且涵義深遠的友誼，跟因為這樣的情誼所衍生出來的親密感覺之間，存在一條微妙的界線。我認為會有一個關鍵時刻，讓你自然地渴望，希望與她分享更多、希望探究這樣的親密關係的深度，而不再只限於柏拉圖式的純友誼。這是個難題。

— 31 歲，飛機維修技術人員

是的。確實會有維持一生純友誼的女性朋友。

— 41 歲，消防隊員

Men and Women really part ways when it comes to

我本身就有不少位純友誼的女性朋友，並沒有特定的原因，只是在我們之間建立著成熟的互信和真正的友誼。

—32歲，電工

絕不。

—36歲，公司負責人

很可惜我的答案是否定的。不管個人是否有意識到，在兩性之間永遠存在著性的吸引力。

—48歲，財務顧問

必須要彼此之間沒有肉體的吸引力，才有可能存在著純友誼。否則的話，門兒都沒有。

—31歲，房地產公司經理

當然存在著純友誼，就像是我和我媽之間的關係一樣。

—45歲，攝影師

我相信是有純友誼存在的，但是身為一位離婚的男人，我認為女人的潛意識裡面都存有結婚意圖。自尊心作祟嗎？有可能。

—30歲，木匠

我認為性伴侶已經越來越普遍，在這類的夥伴當中沒有忌妒，純粹只有友誼，只不過他們彼此還是會發生性行為。

—28歲，推銷員

我有許多未曾上床，卻交往得非常好的女性朋友，同時，我也和有過性關係的女性朋友，維持著友誼的關係。

—45歲，音樂家

我曾經和一位美好的女性維持著多年的純友誼的關係，直到有一天...，現在我們依舊是朋友，只不過，從此我不相信男女之間存在著單純的友誼。

—39歲，公司負責人

Men and Women really part ways when it comes to

Men and Women really part ways when it comes to

女人百分百

柏拉圖式的關係當然是存在的，只要對方年齡超過八十歲，或者是這個女人既醜又笨，同時坐在聊著運動的酒吧前，喜歡搶著付帳。

—43歲，鑑定師

當然存在，等到男人對於追求性關係已經覺得疲倦的時候。

—39歲，工程師

我不確定，可能在我的身上不會發生。

—41歲，推銷員

當然，通常用這樣的調情方式比較不會造成傷害。

—45歲，汽車工會職員

答案是肯定的，但有一個前提，它只能維持一段時間而已。

—46歲，房地產估值專員

我有幾位從小學就認識的異性朋友，而且直到今天我們都還是朋友。我的女性朋友比起男性朋友還要多。

— 32 歲，就業輔導員

我與第二任妻子在我們離婚後還維持了六年的良好友誼關係。

— 62 歲，退休人員

當然。在職場上我有許多的女性朋友，全部都是單純的友誼。誰規定朋友都要是同樣的性別呢？

— 52 歲，眼鏡商人

除非男女雙方對於這樣的關係有共識，通常其中一個或者是雙方都能導致感覺的改變。

— 36 歲，總監

Men and Women really part ways when it comes to

非常有可能，而且非常有啓發性。尤其當你對於女人有任何問題的時候，她們是最好的諮詢對象，我相信唯有真正成熟的男人，才能擁有單純友誼的女性朋友。兩個男人之間可以簡單的因為支持同一個球隊，或者是喜愛同一款的車子而變成哥兒們。換成女人，所需要的因素更多，你必須納入情感和感覺的因素。

—31歲，室內設計師

非常有可能。只不過時下的男人都是以性為主要目標，我有幾位從未上過床的女性朋友，只不過其中有多數的人曾經告訴我，我不符合她們的標準。

—26歲，技工

【驚人統計數字】

在227位男性受訪者中有153位表示柏拉圖式的男女關係是存在的，有44位認為可能會有，有30位認為不會有純友誼。

第二章

追求法則

the most *Alluring* part of a *Woman's* body has got to be...

你認為女人全身最誘惑人的部位是哪裡？

腿。沒有什麼原因，我從小學一年級就欣賞女人的腿。

—38歲，藝術指導員

眼睛。我也欣賞女人的腿、胸部、嘴唇，還有脖子和肩膀。嗯嗯，腰部和臀部、指甲。該死的問題，讓我想入非非。

—44歲，建築工人

最吸引人的部位在於女人肚臍以下的小腹，就算那裡兒有點小肥油也無所謂。

—53歲，律師

頭髮、眼睛、胸部、臀部、屁股、腿、腳踝和腳丫，就是這樣的順序。

—38歲，廣播公司維修技術人員

她的眼睛、臉蛋、胸部、臀部、腿部。我是個男人，而且我不需要用威而剛，只要有這些，就足以使我興奮不已。

—50歲，財經顧問

她的臀部。我喜歡緊緻、結實的臀部，這樣的部位讓我雙膝發軟，垂涎欲滴，這就是我和前妻在高中結識的因素。當時她正要下車，屁股先出來，當時我告訴身邊的朋友：「看見了沒？在年底之前，我就會擁有它。」至於這個美好的臀部是接在什麼樣的女人身上，我可不在乎，在年底之前我和她就結婚了，我們的婚姻延續了將近十七年。

—35歲，水管工人

【驚人統計數字】

在受訪男人中，眼睛被提到56次，胸部35次，腿35次，臀部35次，臉24次，全身17次，笑容15次，嘴和唇15次，心智11次，頸部11次，頭髮7次，腳6次。

the most *Alluring* part of a *Woman's* body has got to be...

the most *Alluring* part of a *Woman's* body has got to be...

我猜這是一個自我滿足的問題，女人希望可以吸引男人，所以她們要用最突出的部位來獲得注意力。就算我不是強調於胸部大小的男人，我會注意到這位女性的第一印象，仍是雙峰的吸引。有偉大胸部的女人會受人注目，我猜這是受到達爾文的進化論「適者生存」的影響，或者以這個例子而言，「大」者生存。

一35歲，教師

臀部、雙唇、眼睛、味道，我就是愛女人。

一24歲，學生

她的眼睛，人們會注意到雙腿，漂亮的臀部會吸引人，完美的胸部會令人心神不寧，漂亮的身體會讓男人變得狂野，但是真正會吸引我的女人需要能散發出光芒，智慧、機智風趣、熱情、有魅力，具有這些額外的刺激，而不光是肉體的外觀。唯一可以觀察出來這幾點的只有眼睛。

一28歲，電腦技術人員

談到這個問題會讓你認為我是個神經病，我覺得是耳朵。因為耳朵通常藏在頭髮後面，所以當它們呈現在眼前，就好像是看見某種禁忌的東西。

一 37 歲，電腦維修人員

眼睛和頭髮的重要性各佔一半，或者是長腿（三十四英吋以上）。

一 33 歲，建築師

她的背部，沒有什麼理由，就是欣賞女人的背部。

一 32 歲，電工

屬於女人的我都喜歡，但是她不必是個伴遊女郎。

一 26 歲，消防隊員

大腿部位的肌膚。

一 43 歲，生命線輔導員

the most *Alluring* part of a *Woman's* body has got to be...

the
most
Alluring
part of a
Woman's
body
has got
to be...

女人百分百

我真的是欣賞女人的每一個部位，但是與我所認知的不同之處，我並沒有偏愛特定的「類型」，我知道有男人喜歡大胸部、長腿、小而結實的臀部、嬌小的女人、圓嘟嘟的女人，或者有一頭飛揚的秀髮（以上條件有的單一存在，有的是喜歡綜合體）。你若問我，我只喜歡目前我所愛的女人身上的標準配備。

—61歲，退休的廣告公司總裁

只要在我眼前沒有隱藏的部位，我都喜歡。

—66歲，工程師

面孔是所有事情開始的關鍵，然後我會關心女人的腦袋。

—53歲，廣告商

纖腰、平坦的腹部，以及穿著緊身牛仔褲能展現美好模樣的女人。

—44歲，武術指導

她的雙眼和笑容，還有她的皮膚。觸摸皮膚的感覺，笑容的模樣，以及皮膚的味道。不管是她的脖子、肩膀、肚子，我還要繼續描述嗎？

— 38 歲，執行經理

這個答案是因「女」而異，我並不是要逃避這個問題，而是我確實這麼想，每個女人都有她不同的吸引人之處。

— 33 歲，會計師

嗯，這正是表達我多年來的成長環境的好機會。在過去，我無疑的是個熱愛女人胸部的人，現在還是如此，但是比起胸部更會讓我興奮的是女人的笑容，美好的笑容會讓我想要進一步認識這位女性。

— 50 歲，教師

凡是女人善於運用的身體部位最為吸引人。

— 36 歲，警官

the most *Alluring* part of a *Woman's* body has got to be...

the most *Alluring* part of a *Woman's* body has got to be...

我對於女人大腿內側上端的部位特別感到興奮。非常的溫暖、潮濕且可以親吻，美好的親近位置。

—42歲，網頁設計師

我認為女人的胸部尺寸會顯得重要的原因，在於那些控制媒體的少數人，讓我們在氾濫的廣告和繪畫裡，看見大胸部的女性和身材健美的男性的形象，他們描繪成功的人都是擁有這樣的外型。在多數家庭都會批評女人不夠好，或者需要一位男性使她完美。如此一來，女人怎會不認為這樣的影像，若是發生在自己的身上，不會讓自己更加美好和受歡迎呢？

—48歲，工程師

假如要回答某一個特定的部位，我重視女人的頸部線條。這是女人身體部位中，最為柔軟和平滑的地方。發現這裡是女人最敏感的性感帶，並且更讓我興奮。

—28歲，音樂家

修長的雙腿。

—72歲，退休人員

胸部，越大越好。

— 28 歲，股票分析師

背部下緣。

— 33 歲，人力資源公司經理

香臀上的柔肌。

— 44 歲，汽車工會職員

小腿。

— 41 歲，工程師

嘴唇。

— 52 歲，產經企劃專員

肚臍眼是一個誘惑人的部位，讓你親吻、輕咬、舔舐等。除此之外，我喜歡抱著東西睡覺，因此，我會一路往下親吻到她的肚臍眼，然後把頭枕在她的肚子上。

— 32 歲，現役軍人

the most *Alluring* part of a *Woman's* body has got to be...

the
most
Alluring
part of a
Woman's
body
has got
to be...

體態和皮膚。

一 62 歲，退休人員

頭腦。

一 50 歲，教師

對於隆乳的看法是...

這是女人的看法，和我無關。我曾經愛上一位胸部平坦的女性、愛過生有完好而自然乳房的女人、也愛過隆乳的女人，憑良心說，在當時不同的情況下的每個女人我都愛。

—61歲，退休的廣告公司總裁

為什麼隆乳？小而真的東西當然比大假奶要好。

—22歲，現役軍人

這是女人基於個人因素所做的決定，絕對不應該是她為了某人所做的決定，尤其不該是為了她生命中的男人。隆乳是有關於個人自尊心的問題，假如女人認為擁有較大的乳房會讓自己覺得更好（不管怎樣，胸部的大小就是會造成讓女人覺得自己不夠好的因素之一，確實有許多女性有這樣的問題），她就該考慮隆乳。

—38歲，執行經理

Alluring Woman's

the most *Alluring* part of a *Woman's* body has got to be...

太危險了，看見完美的乳頭會讓我比較開心。

—68 歲，退休人員

就個人而言，我無法了解女人為什麼不管自己的乳房有多大，都會選擇隆乳。但是假如隆乳對她有某些助益的話，那當然無妨。畢竟喜歡如何對待自己的身體是個人自由，至於女人對於我個人的吸引力和胸部大小是沒有關係的。

—27 歲，現役軍人

不不不，不要隆乳。噁，會讓我反胃、想吐，一點都不會想到，這是個很糟糕的主意。我非常喜歡大胸部的女人，只不過自然生成的 B 罩杯比起假裝出來的 D 罩杯要好的多。

—38 歲，會計師

這是不必要的。不過曾經和隆乳女士的那段交往經歷倒是美好，而且那對乳房確實是不錯。

—53 歲，退休的機師

假乳房讓我覺得很不自在，我覺得假乳房很可怕，而且隆乳是危險的事情，一個女人為了讓自己覺得自在就跑去隆乳，我絕不會和這樣的人交往。

—35歲，教師

假胸部在電影或者是脫衣俱樂部看起來是有趣，不過我不會希望我的夥伴和女朋友去隆乳。當然，假如某位可愛且對我有興趣的女士正好有一對假乳房，也不表示我會在知道後馬上送她回家，隆乳只是一個項目，和原則無關。

—26歲，廣告專案經理

豐滿的胸部讓人覺得開心，但是我比較喜歡活力旺盛的乳頭，我討厭硬梆梆的假貨，所以對這件事我投反對票，反正我是個熱愛女人臀部的男人，女人會不會在屁股上做假呢？女人應該多注意臀部的好壞。記住，要感覺起來是個真貨最好。

—41歲，程式設計師

Alluring Woman's

女人百分百

為什麼這麼麻煩？乳頭才是最好的部位。

—44歲，武術指導

隆乳肯定是最噁心的發明之一。

—53歲，生涯規劃講師

隨人所欲，我是傾向於自然的好。

—33歲，會計師

【驚人統計數字】

針對250位男人作「你喜歡隆乳的女人嗎？」的問題問卷調查，其中覺得不會有139位，可以接受有76位，喜歡有27位，沒有回應有8位。

我無法了解為何有女人選擇把非人的替代物注射進自己體內，只為營造出一個對女人而言，代表性別歧視和自貶身價的形象。難道我們男人做了什麼糟糕的事情，嚴重迫害到女性的自我形象，使得女人只為了讓某些混蛋認為自己很美，寧可傷害自己的身體？

— 48歲，電子工程師

哦，但願女人能夠明白，有一對假胸部是多麼可笑的事情。當然，當男人死盯住大乳房也是很呆，事實上，多數的男人比較喜歡中號的，而不是超大號的胸部。

— 41歲，媒體公關

這是女士的抉擇，我本人偏好的是頭腦、雙腿和臀部。

— 41歲，保險業務員

只要該位女士認為裝個假胸部對自己有益，同時她本身確實想這麼做，我就沒有意見。

— 45歲，牙醫

Alluring

Woman's

the most *Alluring* part of a *Woman's* body has got to be...

痛恨那種虛假的感覺。

36歲，銀行專員

誰管它？大到超過嘴巴可以含住的範圍，就是一種浪費，而且乳頭必須是真貨。我聽說隆乳會使女人喪失乳頭的靈敏度，女人為什麼要因為尺寸大小而失去知覺。

—31歲，土地測量師

假乳房還不錯。我曾經和一位隆乳過的女人交往，她的乳頭堅實而圓潤，而且她的乳頭永遠維持興奮的狀態。告訴你，這位女士已經五十二歲了！

—58歲，公司負責人

不，我不喜歡假乳房。只要盡量發揮自己的長才，在其他方面散發光芒，盡己所能掩飾自己的缺點。總而言之，只要乳頭夠敏感，男人就會覺得開心。

—29歲，電腦技術員

不只是浪費錢，同時伴隨著危險性，妳該多愛自己一點，好嗎？

一 30 歲，木匠

我的女人在一次雙乳切除手術後做了重建胸部的手術，她看起來極好，好看的乳溝部位會有加分作用，男人都喜歡看女人的乳溝，所以放大膽去做吧！

一 45 歲，製造商

我認為屬於女人的身體，就該以她自己的意願決定。我認識幾位因為胸部平坦而使自己忸怩不自然的女性，她們在隆乳手術之後，這樣的心態改變了，增加了數倍的自信心。

一 32 歲，推銷員

Alluring

Woman's

the most *Alluring* part of a *Woman's* body has got to be ...

女人百分百

假如某位女士因為自己的胸部太小，覺得缺乏安全感而打算隆乳，她就該這麼做，但是我個人對於大胸部是沒有什麼感覺的。在這些例子裡面，我只覺得大胸部看起來很「精神不振」，另外，假如是因醫療為目的而進行隆乳手術，例如：因為手術而失去雙乳等，那麼我完全不會排斥。胸部大小對我而言並不重要。

一 41 歲，人力資源經理

讓我產生性興奮和倒胃口的女人是...

最讓我興奮的是女人的笑容，一個美麗的笑容可以溫暖整個房間。相反地，最叫人倒足胃口的是說話像個大嗓門的卡車司機（要是聽見她們說的那些粗話，我還該為我的比喻，向卡車司機道歉。）

—39歲，籃球教練

我以為這是要在男女雙方認識一段時間，同時，男人的「視覺」影響較為降低之後。那麼最讓人倒胃口的答案是沒有智慧的女人，而有智商的女人就會讓人產生興趣，除非你注重外表，比方說「眼影」之類的彩妝？

—46歲，商人

讓我興奮的條件，具吸引力、時髦、性感和獨立的女性。相反的，就是那種缺乏相對的尊重的女人。

—42歲，工程師

Alluring Woman's

女人百分百

興奮：對每個生物都很仁慈，人類、寵物、我。
反胃：遲鈍而冷酷的人。

— 31 歲，園藝師

就肉體產生的興奮而言，通常是個充滿感情的表情和靈性的雙眸。談及喪失性慾的原因，在於臉部的毛髮。就理智方面而言，性興奮像是一個狡猾機智的人，讓人覺得乏味，好比一位除了表面之外，什麼也看不到的人。

— 26 歲，影片剪輯

關於這個問題，假如你們收到千封回音，大概會有一千種不同的答案。我個人喜歡有深度、複雜、矛盾和具有靈魂的女人，不過，我所說的不是宗教的靈性。我欣賞堅強、有自信，同時她知道何時卸下武裝，和我坦程相對（因為不論外表表現得多麼堅強，人們都會有脆弱的時候），我喜歡會玩且不會把自己弄得太嚴肅的女人。至於會讓我喪失興趣的原因，我想應該就是和會讓我興奮的因素相反的事情，雖然這答案聽起來有點避重就輕。

— 38 歲，商人

吸引我的條件：外向、愛笑和一個漂亮的屁股。
讓人倒胃口：說話大聲、老是顯得不開心以及自私的人。

一39歲，律師

興奮：簡單率直、夠敏感，或者她擁有龐大的財富和大胸部。
倒胃口：虛榮和重視物質，或者是超級傳話筒和有個善妒的丈夫。

一40歲，程式設計師

興奮：完全釋放自我、縱情的人。
倒胃口：老是企圖使我感覺到必須負責治癒她的情緒傷口。

一61歲，退休的廣告公司總裁

Alluring

Woman's

the

Alluring

Woman's

興奮：首先很不想承認的，是女人的長相，她的笑容、她的眼睛、她的頭髮、她的腳和她的手。這些條件通過之後，就是她所做的事情。她的熱忱、她願意冒險嘗試什麼事情、她有多活潑，以及什麼事情會令她興奮。
反胃的事情：有偏見、缺少熱情的女人，對於照顧自己身體該做的事情漠不關心，例如她不做運動或者是亂吃東西。

—35歲，財經企劃專員

興奮：在和我說話的時候可以直視我的眼睛的女人。
倒胃口：當我們在擁擠的場合，或者是參加舞會的時候，就算是我就坐在她的身邊，她也會忘記我的存在。

—67歲，退休人員

興奮：喜歡性生活的女人。
倒胃口：抽煙。

—47歲，總監

對於男人瞭若指掌的女人，對我而言是最沒有吸引力的，除非某位男士非常缺乏對於自我認知。我認為，對於男人和多數的女人而言，一段美好的關係，是一種夥伴的關係，而且雙方得到的比起為這段感情所做的付出還要更多。當交往的雙方之中，有一個人認為他（或她）付出的比收獲更多的時候，就會分手或者是大發脾氣。女人顯得非常無助，常會讓男人感到自己被她利用。

—49歲，推銷員

興奮：善於調情，肆意地撫摸。

倒胃口：冷淡而不親切。

—45歲，系統工程師

興奮：當女人在健身運動之後，穿著運動衫看起來很性感，就會讓我覺得興奮。

倒胃口：使用過多的化妝品和燙著一頭蓬蓬的頭髮。

—32歲，電工

Alluring Woman's

the
most
Alluring
part of a
Woman's
body
has got
to be...

興奮？只要她讓我知道她很興奮就好。至於讓我倒胃口，嗯嗯...當她表現得拘謹而不自然的時候。我對害羞的女人不感興趣，我比較喜愛能運用她的外表和智慧指使男人的女性。

—38歲，自由業

興奮：誠實和直接了當的女人。

沒興趣：偽裝成另一個人而不願當自己的人。

—32歲，經理

興奮：女人根據自己的特色，為了我而表現出很性感。

倒胃口：在交往一段時間後，她就再也不在乎外表變成什麼德性。

—49歲，公司負責人

興奮：只要她要我，而且不計較我是什麼樣的人、是什麼東西。

倒胃口：討厭那些接近我只想獲得某些東西的人，偏偏這些女人想要的東西，正是我沒有的、或者沒有能力供給的。

— 32 歲，作家

這個問題要看你想要那一類的答案，是指身體的某個部位嗎？還是指人的個性？為避免答非所問，我就提供兩種答案。第一是笑容。原本我的答案是腿，但是我又想了一下，我曾經認識一位美腿女士卻從來不笑，令我對她興趣缺缺。相反地，我也曾經認識雙腿平庸卻有著美好笑容的女人，她竟會讓我興奮。當我思考女人的吸引力時，腦中浮現不同的部位，但是都要以美好的笑容為前提。第二是靈敏的機智。假如女人不能稍微聊些有智慧的內容(省略一堆廢話，維持生動的談話內容)，那麼兩人之間的互動將會迅速消失。

— 26 歲，廣告個案經理

Alluring

Woman's

the

most

Alluring

part of a

Woman's

body

has got

to be...

女人百分百

興奮：真誠的關心。

倒胃口：做作或把自己緊緊包裝起來，更嚴重的是不成熟和不信任。

—27 歲，看護助理

我不信任那種無助的女人，我認為多數的女人藉由假裝出來的無助，以刺激缺乏安全感的大男人主義者。我個人喜歡女人當她自己，世上有許多比我更聰明、更堅強的女人，同時，比我更為現實。這些並不會讓我覺得害怕，反而會令我印象深刻。我不嚮往依賴、以男人為主的女性。凡是雙方越有自信心，感情就會更好且更加紮實。

—46 歲，網路系統經理

女人的雙眸、聲音以及她的肢體語言是最讓人興奮的因素。最叫人反胃的就是那種輕視他人的態度。

—35 歲，急診室醫療技術人員

最興奮：當我們交往發展出一種只屬於彼此的東西，而她也同樣珍惜這樣的關係。

最沒興趣的：不勝枚舉，全部都是由不誠實開始。

—38歲，戶外泛舟教練

the most *Alluring* part of a *Woman's* body has got to be...

the
most
Alluring
part of a
Woman's
body
has got
to be...

女性最性感的穿著是...

少許的女用連衫襯褲，加上一條長鞭（愛的鞭子）。

—45 歲，牙醫

嫻靜的女性穿著：我當天所穿過的襯衫，或者我前一天穿過的襯衫，除此之外，沒穿最好。我認為拙劣的穿著：黑色胸罩、腰襪帶、黑色長皮鞭、有花紋的長筒襪，以及黑色的高跟鞋。

—33 歲，藝術指導員

可以脫掉的衣物就好，解開鈕子、拉下拉鍊、脫掉、扯下。

—45 歲，電子工程師

粉紅色內衣和紮著辮子。

—28 歲，股票分析師

輕薄的短睡衣、緊身襯衫、浴袍、浴巾、一件毛衣、一件外套、一張毯子和一張報紙，以上皆是，也皆否。

—40歲，心理學者

全套絲質睡衣（老生常談？我知道）。

—41歲，教師

對於這個問題我沒有意見，性感的穿著可能是乳膠、皮衣、絲質、蕾絲衣物、皮鞭或是吊帶褲。個人喜歡鐵片或金屬光澤的東西，偶爾帶點微妙的慾望的穿著外觀，是很美妙的，其他時候應是穿著衣物，有時候半遮半露的浴袍底下配上熱情的內衣褲，讓你幾乎忘記它的存在。這些都很性感。

—49歲，自由業

關鍵不在於她穿著什麼衣服，而是她穿衣的方式。屬於心態問題。

—26歲，消防隊員

the
most
Alluring
part of a
Woman's
body
has got
to be...

薄而幾乎透明的衣服，就好像在 50 年代的女性雜誌中，那些女人的穿著（假如讓你想到念舊，請看看我的年紀）。

— 61 歲，退休的廣告公司總裁

身無衣物或我的襯衫。

— 38 歲，戶外泛舟教練

情趣專賣店的女內衣。我知道這是男人典型的回答，不過是你自己問的。

— 37 歲，房地產經紀人

襯衫和緊身襯褲。這會讓我瘋狂。

— 30 歲，木匠

我是個惡名昭彰的女內衣偷窺狂和窺陰癖，專看你不該看到的東西。女人製造機會讓我窺視，並且裝作毫不知情，會讓我興奮不已。

— 37 歲，零售商經理

什麼都不穿。我對女用內衣不感興趣，我認為人們對於那些刻意要激起男人興致和神秘感的東西給予太高的評價，沒有任何東西會比你所愛的女人的裸露身體更漂亮。

—34歲，工程師

純絲。

—44歲，心理學家

對我個人而言，應屬那些需要數小時才脫得掉的衣服，有一大堆的釦子和蕾絲，當然還有會卡住脫不掉的衣服。

—41歲，顧問

超大的白色襯衫，白色襪子，以及美麗的笑容。

—43歲，郵務人員

斜紋粗棉布短褲，加上男人的寬鬆的襯衫。

—54歲，財務經理

the most *Alluring* part of a *Woman's* body has got to be...

the most *Alluring* part of a *Woman's* body has got to be...

穿著長袖法蘭絨襯衫，釦子由下往上只扣到一半，袖子也捲高到手臂的一半高，襯衫的長度則剛好可以遮蓋臀部，短到正好可以露出美妙的大腿，襯衫的開口讓乳溝若隱若現，而不過度曝露她的胸部。就是簡單而不俗氣的穿著。

—28 歲，音樂家

我喜歡配件的部分。比如襪子加上襪帶等東西就很好看。曬得古銅色的肌膚穿上白色的內衣褲，或者再加上有漂亮蕾絲更美。

—30 歲，公司負責人

只要是女人覺得穿起來最性感，並且能夠表現自我形象的穿著最耐看。

—37 歲，作家

除了穿著男人穿的絲質四角褲之外，就沒裸體。

—46 歲，公司負責人

她的笑容。只要是衷心而誠懇，她眼中的光芒就會讓她的笑容變得完美。

—43歲，建築商

輕鬆的穿著。穿到大腿高度的襪子，這對於欣賞女人大腿的男人而言，是必然的答案。不過還有其他的東西可以讓腿部的美更棒，甚至比脫光光更美。不需要過度裝飾的透明短睡衣、或短到不足以適度掩蓋的褲子，好看的是尼龍質料的觀感（一種自然的感覺），神奇的附著在形狀美好的大腿。整身的尼龍穿著，像是身著褲襪一樣，正如蛋糕上的糖衣。最美的首推褲襪。

—26歲，廣告專案經理

我愛女用內衣，但是若在一個寒冷的夜晚，不妨換穿一件不錯而溫暖的睡衣。我想關鍵在於我們雙方的情緒，性感就是深愛著對方。

—40歲，供應商

the most *Alluring* part of a *Woman's* body has got to be...

the
most
Alluring
part of a
Woman's
body
has got
to be...

最好的穿著就是什麼都不穿，假如一定要穿，就穿那種傳統的胸罩、內褲、襪腰帶和褲襪。我不欣賞骯髒的東西，像皮鞭等。一定要有點水準的穿著。

— 47 歲，建築師

黑色迷你裙下，微微透露的白色棉內褲。

— 33 歲，軍人

皮衣。

— 29 歲，藥商

蕾絲女用內衣和高跟鞋。

— 46 歲，電腦顧問

第三章

結婚法則

I married my Wife because …

女人浮現在我的腦海是因為...

不管我是被她的外表和個性所吸引，或者兩者都不吸引我的女人，都會出現在我的腦海。笑聲會令你神魂顛倒好多天。

—37歲，環境運動者

超棒的性關係或融洽和諧的關係。

—43歲，機器維修人員

當我和她發生過關係後，讓我覺得很好，甚至有加分的女人。

—38歲，地產估值專員

碰觸到我的靈魂的女人。她接受我是怎樣的人，同時覺得這樣的男人最好，我感謝她。

—52歲，推銷員

我想要更進一步了解的女人。我喜歡她的長相、笑容、品味、令我興奮，並且喜歡有我相伴等等。

— 44歲，武術指導

我期望發生性關係和已經發生性關係的女人。

— 72歲，退休人員

她擁有某些個人特質引起我的注意。前幾天我在文具店遇見一位女性，她交談和表達的方式，讓我十分感興趣。她並不是超級模特兒，還有點過胖，但是她自我介紹的方式，使她成為漂亮的女人。

— 31歲，研究室技術員

觸電瞬間的「火花」。

— 48歲，承辦酒席師傅

以愛和寬恕相對，美好的性。

42歲，會計師

I *married* my **Wife** because ...

I married my Wife because …

和外表無關。只要再度回眸，你會知道她是否性感。

—31 歲，工地工人

她可以觸及我的最深處，同時，我的感覺是無法放棄。

—34 歲，教師

到我們共處的前一晚，都會讓我整天面帶笑意。

—31 歲，卡車司機

我通常有種感覺，當我和某位女性交談的時候，她需要花很久的時間思考自己的答案，這並不絕對表示她不誠實，只表示她在衡量、選擇和整理著她願意和你分享的東西。假如我對某個人提出問題，我希望她的回答儘量的開放、誠實和符合時尚，是毫無杜撰的答案。這是一種感覺，並不容易具體說明，就像是讓我覺得這個人沒有隱藏，而且也沒有意圖刻意取悅你，她只是單純的將真我呈現在你的眼前，這是非常新鮮的經驗。

—38 歲，戶外泛舟指導員

只要她稍微有留意到我，這正是女人佔優勢的地方。

— 29 歲，DJ

我在她的思想和身體方面，都能感到有興趣的事情。假如我說從未對她的軀體感到興奮，就是在說謊。只要想到我們共處的前一晚，都會讓我整天面帶笑意。

— 31 歲，卡車司機

我喜歡她且思念著她。

— 44 歲，眼鏡商

她真的甜美，或者是個真的有吸引力的女人。

— 35 歲，消防隊員

當她的意見激起我的興趣的時候。

— 41 歲，網頁設計師

她做了某些令她與衆不同的事情。不論這樣的事情是否和我個人有關聯，一些顯現她具有自然的特質的舉動。

— 48 歲，按摩師

I *married* my **Wife** because ...

我們剛剛有過的談話或者是才在一起，她所做的某事或剛說過某句話，讓我驚訝且令我心海沸騰的女人。我會跟女人開開玩笑，而她也可以說些比較隱蔽或者挑逗的事情，令人覺得大吃一驚，而且腦袋裡轟然巨響，我的腦袋對於這樣的時刻特別有感應，尤其可以令我整天心情沸騰。

—26歲，廣告個案經理

一個有笑容、和藹言語或舉動。有時候，也可能是指某種特定的歌曲，或者是特定的景色，都可能觸發自己的記憶。

—41歲，倉管經理

迫不急待想要再次見到她，告訴她我的秘密。

—40歲，工程師

我無法擁有她。

—41歲，卡車司機

她對我而言是非常特殊的人，同時可能在床上技術很不賴。

一 44 歲，公司負責人

我發現在一對情侶之間，肢體語言、眼神接觸和肉體的吸引力，似乎在真誠的時候，最為深刻。我想這是因為兩人之間的親密關係產生，並且分享著彼此。當笑聲在我維持十年的婚姻關係中逐漸消失，就是我們夫妻相處已經不再快樂的訊號，也不再對於彼此感到自在。

一 33 歲，會計師

她在某些方面影響我，當然永遠無法缺少肉體的誘惑，可是當我年紀增長，越發覺她必須是個完整的人（包含具有外表、智慧和關懷的天性）。

一 32 歲，公務員

I married my Wife because ...

I
married
my
Wife
because
...

我們曾經共享隱密的時光，並沒有性行為，單純而良好的溝通，以及兩人間的化學反應。

— 43 歲，藝術指導員

當她出現，會讓人們覺得有趣，一個開心的人讓我開懷地笑，我們喜歡做著同類型的事情，她把我當作是個人看待。

— 40 歲，經理

我覺得和女人最為親密的時候是在...

我感覺到她愛著我，和我在一起很快樂，而我也有相同的感受。她在全世界中走向我，用她的手挽著我，告訴我她愛我，並在我的唇上印上美好的一吻。

—29歲，管理員

我們可以共享歡笑和詭異的趣味。

—51歲，承包商

所有的事情坦誠相告，一點都不擔心是否得體，既不在乎策略上是否恰當，也不在乎她的化妝是什麼德性，或者受其他任何的因素影響。她就是做自己想做的事情，勇於冒險，同時，和我分享整個冒險的經歷。

—35歲，金融企劃專員

不論是任何想法和感受，讓我知道她是可以信任的。

—26歲，影片剪接師

married

Wife

I

married

my

Wife

because

...

她總是在支持我的同時，以我的立場為優先來照顧我，正如我對待她的態度一樣。

一25歲，學生

我們兩人在十月份的一個下午，沒有穿衣服坐在火爐前的沙發上，聽著重複播放著的老歌，至少這是讓我覺得和某位女性接近的時刻。

一61歲，退休的廣告公司總裁

老實說，我從來沒有這樣的感覺。

一33歲，建築設計師

她是會玩的女人。女人成長的速度比男人還要快，當然有誰是不會長大的。

一34歲，製作人

當她說「這次我來付錢」的時候。

一40歲，心理學家

我們可以共做每一天的事情，比如購物、看電影...。

— 29 歲，工程師

她可以體諒我是打那兒來的，已經穿著這雙鞋走了一公里路。

— 31 歲，卡車司機

當她坦開心胸對我誠實的時候。

— 27 歲，軍人

我們可以像是好朋友一樣的聊天，也被彼此吸引在一起。

— 44 歲，地理學者

我可以和她分享我的人生。

— 59 歲，會計師

I

married

Wife

I married my Wife because

我們剛剛才做愛。

—36歲，個案經理

她需要我的慰藉、理解和愛。

—53歲，財務經理

當彼此存在著相互的尊重、愛慕和慾望。

—27歲，推銷員

在我做什麼事情之前，她已經了解我的想法。

—33歲，軍人

她做她自己。

—41歲，公司經理

當她望著我的時候，就好像再也不想離開。

—34歲，推銷員

我們對於人生分享相同的看法。

—29歲，市場調查員

她需要我，我也需要她。

— 51 歲，公司負責人

她對我誠實，並且不會耍心機刻意討好我，對於自我有相當的認識。

— 41 歲，教練

當我感到她在我心中出現的時候。

— 36 歲，網頁設計師

當她讓我覺得自己很棒的時候。

— 41 歲，自由業

她以自己的方式出現，讓我的家人和朋友留下極好的印象。尤其，當我為她這個人感到驕傲、當她讓我覺得自己很特別，以及當我們一起回憶所做的一切事情的時候。

— 43 歲，機器維修人員

married

Wife

I married my Wife because …

我們沒有穿任何衣服躺在沙灘的毛巾上，從我們身上吹過陣陣的暖風，還有無數的星星在天空閃爍。

— 39 歲，供應商

我們可以無止盡的聊天。

— 47 歲，公司行政人員

我想就是許多人所說的化學反應。

— 26 歲，廣告專案經理

坐在一起看電視。

— 27 歲，音樂家

我認為戀愛是...

已經做過的、已經失去的、陷入熱戀的感覺，就像是從飛機摔出。除非你有張降落傘，否則你將注定要摔個粉身碎骨。

—39歲，軍人

我懷疑是否真的有愛情，至少在我的生命中，愛情是短暫的，再加上男人總是把這件事情和性扯在一起，讓我更加存疑。

—41歲，作家

不相信女人會突然愛上某人，她們所認為的愛情絕大多數是盲目的強烈性慾，假裝愛情可以撫慰她們的良心。我不相信男人會談戀愛，因為他們只是回應自身荷爾蒙的需求，然後假裝這樣的行為叫做愛情，讓他們追求的女性目標受騙。

—64歲，退休的軍人

married

Wife

I married my Wife because

這是個女人設下的陷阱，也是無法解釋的事情。

— 32 歲，系統工程師

直到最近我才知道什麼叫做戀愛。我發現這是人生中可能發生的最美好的事情，所有以往我曾有過的錯誤經驗，讓我更加珍惜眼前真實的情感。

— 30 歲，木匠

當你遇見今生的伴侶，只要她看你一眼，就會讓你神魂顛倒，叫你身不由己。

— 39 歲，籃球教練

談到這個問題，我的年齡顯得太老了。唉，我彷彿看見在十一月的寒日中，一位女性站在街角，微風就這樣吹拂著，接著她會微微撅著嘴巴，在那一刻，就是剎那成為永恆，也是烙印在記憶中不可磨滅的片段。我想，墜入愛河是那種令人愉悅的心情，在剎那間辨識出你未曾相識、接觸過的人，換言之，就是那種毫無理由的攫取你的心的人。

— 48 歲，顧問

喪失獨立性。

—28歲，股票分析師

感覺到承諾、接受以及真正感覺新鮮感的刺激。很不幸的是多數的人們在交往過程中，只呈現出自己最好的一面，這樣的關係，是想要成為對方所喜歡的人，而不是讓對方喜歡真正的自己。這就好像買了一部新車，從停車場開出來，讓你覺得這是你這輩子最棒的事情，等車子六個月開了兩萬公里之後，這輛最棒的車子就只是一個交通工具。一年四萬公里之後，新車的氣息已經消失，你也終於發現，你所買的東西是一個需要高價維修的東西，而且經常會拋錨。

—38歲，自由業

married

Wife

I married my Wife because ...

有時候這樣的事情顯得無法持久。這是個神奇的事情，但是對於我個人而言，我們似乎總是難以和自己最愛的人在一起，在這條路上總是會出現阻礙。取而代之，是我們會和比較不愛的人在一起，同時終身感慨直到離開人世為止，或者是直到我們雙方的律師，為了離婚財產的問題開始針鋒相對為止。

一 50 歲，教師

在我的生命中，曾經和一位比我的生命更加重要的女性共度，只要和這位女士在一起，不管做什麼事情，都讓我覺得開心。這是一位和我分享生命熱情的女士，同時分享我許多的興趣，也是當我們分手之後，我都盼望著快點見面的人，失去這位女士，我就會活不下去。

一 32 歲，資訊指導員

當愛來的時候，可能會是很美妙，但是我不知道我個人或者全體男性，能不能夠感受到這樣的時刻。

一 26 歲，廣告專案經理

在彼此腦中釋放出高濃度的互相吸引的化學物質，不管好壞，讓每個人回到青春期。假如太久沒有這樣的情慾，會破壞副作用。這是僅次於父母關係、最為受人高度讚揚的人類狀態。

—48歲，財經顧問

人們應該把這樣的感覺裝罐封存起來。最困難的部分，是如何將美好的性這回事，與其他的因素區分出來。究竟什麼才是真愛？

—35歲，銀行專員

墜入愛河是容易的，維持在相愛的狀態中是困難的。通常當你清楚這檔事的時候，你的夥伴已經不在你身邊，反而是你必須要學習喪失愛的時候，這才是談到愛時最詭譎的部分。

—29歲，電腦技術人員

不好意思，只不過我總像是燈火旁的小蟲，被人捏得粉碎。

—51歲，公司負責人

married

Wife

married

Wife

愛，總是在你最意想不到的時刻出現，而且對象通常是你不會在團體中一眼看中的人，但是總有一個「關鍵」，讓你知道自己和她產生聯繫。

—53 歲，律師

這和墜入愛河或者受到某人情緒控制是完全不一樣。你會希望對方開心，甚至不在乎自己開心與否。這就是愛情。

—37 歲，人力資源經理

評價過高，女人對於戀愛太過於容易。

—41 歲，軟體工程師

沒有比起週末更加令我頭疼的事情。

—28 歲，股票分析師

二人關係最美好的時光，那種你嘗試在維繫這段關係中，不斷出現的自然高潮。當你不再有耐心，接著就會變得四分五裂。

—54 歲，會計師

對我的心而言，這是個美好、可愛且絕妙的事情。但是我要提醒大家，不要因此喪失自我，真實的關係比起愛情需要付出更多更多。

一 47 歲，企業家

我曾經有過一年半的時間，不斷嘗試要和一位非常愛我的女性朋友分手，這樣的感情簡直快讓我窒息。她很有錢，性方面不錯，一個隨時、隨地都想要做愛的人，和我嘗試所有的做愛方式，而且她是一位非常漂亮的小姐。雖然我不愛她會讓我顯得很不智，不過我就是無法愛上她。

一 35 歲，水管工人

陷入愛戀和被愛是兩碼子事。前面的是毒藥，後者為解藥。

一 34 歲，製作人

married

Wife

大多數的男人以行動表達他們的愛，而不是用文字表達、或者記得那些紀念日，也不是要記得交往的第一天做了什麼事情。但是我認為男女之間最大的不同，在於「性」這個部分。女人可能因為和某人發生性關係，而在情緒上覺得和這個人結合，她是把自己給了對方。至於男人可以在和女人發生過性行為之後，不在情緒上有任何牽扯(讀者不必顯得太意外)，男人只是愛做愛。我認為比較好的性關係，應該是發生在與自己有感覺的對象，但是我認為男人不必要產生和女人一樣的想法。

—47歲，總監

談戀愛是一件美好的事情，同時也是一件令人害怕的事。下次，她也將一定成為我的好朋友。

—46歲，私家偵探

當你和她可以實際而深入的討論某些事情，而不是講一些八卦，你是愛著這個女人，正如你愛她的身體一樣。

—28歲，自由工作者

我還沒有準備好進入另一段愛情。

— 33 歲，建築師

對於兩性而言，年紀越大對愛情這件事越困難。不過，年輕的樂觀主義是短暫的，隨著失敗關係的殘酷現實和破碎承諾，讓愛情煙飛灰滅。

— 38 歲，戶外泛舟教練

就我所感覺到的，我還不曾談過真愛。曾經有過激烈的性愛、也曾經有過幾段痴心熱戀。至於真愛，我還想問你，那是什麼樣的滋味？

— 51 歲，作家

讓你整天帶著笑容，不用費心力就可以減輕體重。

— 45 歲，律師

當我沒有談戀愛，愛情就整天盤據在我的腦海。

— 35 歲，教師

married

Wife

I married my Wife because ...

我結婚是因為...

她原本是我最好的朋友，這樣的關係讓我們立刻擁有靈魂結合。

—48歲，電子工程師

我喜歡她，她的孩子需要一個父親，以矯正令人難以接受的言行。我們曾經各自在世上奮鬥，我們渴望需要彼此。

—48歲，公司負責人

從看見她的第一眼，就讓我神魂顛倒。我只想用雙手擁著她，不放她走。我們無所不談，我認為我們是最佳拍檔。

—38歲，人力資源經理

坦白說，當時我們都還年輕，而她已經懷孕。娶她是在當時看起來正確的決定。

—22歲，軍人

有的時候我真的心存懷疑。

一 37 歲，推銷員

我曾經結婚（及離婚）二次，所以我的結婚就像吃鹽巴一樣。第一段婚姻是很悲慘的。我不斷嘗試和這位小姐分手，但是每當我提出分手，我就會看見她站在我家門前等我，哭著求我重新回到她身邊，我真的不想傷害任何人，所以不管我的判斷為何，我們又重新在一起。如此一而再，再而三，在維持了十一年如地獄般的婚姻生活之後，我們終於離婚了。七年之後，我娶了一位和我在同一所學校教書的同事，當我們結婚的時候，具備所有應該結婚的正當理由，友誼、美好的性生活、對於未來的觀感等。後來，唯一喪失的是友誼。當她最小的孩子可以獨立到學院上課，我就收到她的離婚協議書。誠如我所說，要先問過旁觀者的意見，已經不是我經驗所及的範圍。

一 50 歲，教師

I married my Wife because …

這是最愚蠢的事。假如在婚前已經知道現在我所知道的，我甚至不會想要跟她約會，更不理會我的朋友們如何鼓吹我娶她。

—31歲，技術研究員

當時的她充滿冒險精神，漂亮而且有衝勁。我們曾經擁有一段絕妙的時光，在婚姻期間還生了一位漂亮的女兒。我會說她是個好女人，只不過我們當真已經不再相愛，我並沒有娶我最愛的女人。

—37歲，推銷員

我們笑在一起、一起聊天、分享不論好與壞的時光，不管是在臥房裡外，我們都享受著有對方相伴。

—45歲，公司部門經理

第一次的我缺乏經驗，娶她只因她似乎很喜歡我。至於娶第二任妻子的原因，我知道這樣說法聽起來會很可笑，那是當我帶她到足球賽場賭局，她開始投入，並和旁人擁抱和擊掌，我就上鉤了。

—42歲，郵差

形成婚姻是由許多理由組成的。聰明、美貌、一般常識、玩樂的方式和性關係，或者也可以說是因為酒精作用、性衝動，還有她老爸有把獵槍。

—40歲，心理學家

在我所認識的女人中，沒有人比她更讓我覺得如此完整。有關我的未婚妻的一切，都是美好的（她的說法會是相反的），世上許多不需要男人的女人，她是我認識的第一個，她只是「要」一個男人。她永遠都會做一些小事情，顯示出我對她的重要性。（有多少女人可以做到，比她應該起床的時間提早2小時起床，只為了幫她的男朋友或丈夫做午餐？而且是出於自願的。）她很漂亮、聰明、堅強和獨立，同時也能夠和我分享她的情緒，她就是這樣，遠遠超出我所期望的一切。她是我所祈禱、希望擁有的一切，同時圓滿我曾經做過的夢想。天呀，我愛她！

—30歲，木匠

I married my Wife because …

I

married

my

Wife

because

…

我愛我第一任的妻子，但是卻因為我某些無法容忍的行為，毀掉這一段關係。第二任妻子（維持至今）是我立即找到的繼位者，因為她符合幾個所謂的準則，也就是她是個單身、活著且容易得手的女人（這是我還在喝酒時代的做法，我已經付出代價）。

—46歲，公司負責人

她和以往我所交往的女人不同，我真的可以在她面前當我自己，而且百分之百地對她誠實。和她在一起，什麼事都可以做，甚至可以和她一起哭泣。

—27歲，軍人

我娶這些女人，是因為她們讓我神魂顛倒。在我的人生中，從不缺乏女人，對於凡是令我無時無刻不牽掛的女人，讓我覺得必須和她在一起的，最後不是成為我的妻子就是成為我的情婦。

—32歲，指導員

儘管我目前是離婚的狀態，當時結婚的原始理由，絕大部分是因為對方讓我感覺像個母親。我要小孩，也要小孩有個媽媽。就只是如此，一位擁有內在的仁慈和慷慨的靈性的女性，和我維持十八年的婚姻才告結束。

—43歲，木材經銷商

因為愛，例如歸屬感、彼此了解、接觸、溝通。

—29歲，卡車司機

當初我深深愛著她。

—48歲，脊椎按摩師

我當時是很沮喪的，不是開玩笑。在我三十八歲，選擇步入中年危機的同時邁入婚姻，我想我已經厭倦於獨自一人、或者是只和朋友一起過生日和渡假。所以當她跟我求婚的時候，我馬上就答應了。這是個錯誤，下次我再結婚的時候，就會是個完全不同的因素。

—44歲，會計

I married my Wife because ...

I married my Wife because …

美好的性。

—49歲，教師

我想要安定下來，想要有一個自己的家庭。

—34歲，網頁設計師

我當時以為我們可以永遠在一起（唉，是我錯了嗎？）。

—37歲，法官

兩性調和。

—43歲，工程師

每個人都結了婚和安定下來。

—41歲，顧問

當初我認為她是獨一無二的人，認為她和其他人完全不一樣，是位幽默的女人，現在那些當初令我覺得她很特殊的地方，反而讓我感到如坐針氈。

—41歲，電機工人

當時我還年輕而且以為自己陷入愛情，這樣的感覺持續了好幾年。假如我有機會讓一切重新來過，我就不會選擇結婚。在婚姻的日子裡，只在傷害她和我自己，我們都感到非常的孤單而且受到污辱。

—41歲，批發商經理

我結婚當時，是以為這是應該做的事情（第一次婚姻），為了愛（第二次婚姻），也為了性（第三次婚姻）。現在我只需要找到有錢的妻子。至於在所有的婚姻關係中，唯一喪失的是全然的誠實，我不懂為什麼人們認為最好對自己的另一半隱瞞，或者不要讓她們接觸，這樣的做法，只在事實出現的時候，造成更大的困擾（而且事實早晚會浮現眼前，十次有九次是跑不掉的）。

—51歲，系統分析師

缺乏自我。我不會認為還有任何人想要嫁給我。

—43歲，研究專員

I married my Wife because ...

I married my Wife because ...

我沒有結婚，但是曾經擁有一段很長、但是已經中斷的關係，這是沒有人可以比得上的關係。她是最了解我的人，聽著我荒唐的笑話，而且依舊會告訴我她愛我。

—37歲，督察

因為我總是以為，在她們眼中所見的是我這個人，而不是我的金錢和性，我錯了。

—40歲，軍人

第一次望進她的眼底，我立刻知道，並且肯定我們將會廝守終身。從她的眼中，透露許多的關懷和熱情。

—47歲，設計師

我目前是單身。不管怎樣，我覺得應該是當我站在這位女士身邊的比例，達到百分之八十五的時間，而且在這些時間裡，我有百分之五十的比率，感受到那種溫暖和暈眩的感覺，我就會知道，我已經找到我的另外一半。

—31歲，分析師

她就是我想與之共度餘生的女人。

—33歲，電腦技技人員

她是個非常腳踏實地的女人，而且擁有希望可以取悅我的無止盡的天性。她的笑容有如放射線一樣，你可以感受到她的愛。

—41歲，插畫家

I *married* my **Wife** because …

I married my Wife because …

為何發生不軌行為？

缺乏親密關係，通常都是會導致不貞的結果，至於親密關係不是光指性行為，我的意思是深度的溝通。

—38歲，警官

沒有遇見對的伴侶。

—45歲，系統工程師

當男人開口請求伴侶嫁給他，他要的是一輩子的羅曼蒂克的愛和友誼，這是他的夢想。他不會認為這段婚姻是一段短暫維持的狀態。直到夢想幻滅，它就會產生極大的失落感。也正因為有極大的失望，才會終止這樣的關係，這不是他希望發生的事情。沒有人（包括女人）希望剛找到的新愛和相守的承諾毀於一旦。

—38歲，戶外泛舟教練

性愛越好，越不會發生踰矩的行為。在我的生命中，曾經有一位極棒的伴侶，讓我以為自己絕對不會做出背棄的事情，因為我認為世上不可能有人比她更好。我所說的是你在小說中讀到的那種性關係，那種讓人以為這個作者的想像力太狂野、太豐富，因為性是不可能這麼美好的。和她在一起之後，讓我知道書中的敘述，不只是作者的想像。但是，這樣的感覺也已經消失，我們的關係只維持將近一年。我從未想過要終止這樣的關係，當她離開，讓我幾乎失去理智，我從來沒有做過對不起她的事情。總歸就像是個定律一樣，就算兩者之間的關係再好、性愛再完美，我都免不了想要嚐鮮的念頭。新鮮、不同的膚質、體態、形狀，以及那種你不和那個人在一起，就無從知道的微妙驚喜。是的，我是隻豬！是的，信任在關係中是重要。不，假如她背著我亂來，我會無法忍受。是的，偷腥讓我覺得新鮮，假如一年之中發生兩、三次外遇，算是不錯的事情（應該是不錯，而非絕對）。

—36歲，軍人

I

married

my

Wife

because

…

I married my Wife because …

兩個原因。第一個原因，就好比市長做久了，對於份內工作就是下決定，漸漸地，你對於選區的聚會開始產生不耐煩的語氣，然後下回選舉落選。相對地，在一般婚姻的過程中，你不免經常觸及伴侶的痛處，然後一切就結束。第二個理由，當你完成對未來展望的某一目標，難免會發現和過去所擁有的相似，而因你對於現況有些微的不滿意，你的展望不免也變萎縮。所謂中年危機、步向離婚的步伐，已經一步一步接近。

—61歲，退休的廣告公司總裁

當我不再感覺受到關懷，我得承認男人就像是個孩子一般。

—44歲，藥劑師

男人花心的理由有千百種，但是沒有一項讓我覺得有道理。

—46歲，房屋建築工人

我不知道，包括我現在所見的已婚女人。

—45歲，電腦顧問

我真切的感覺到，一個人假如變心，就表示你並非和最基於需要週期性談戀愛的需求。尤其是新戀情「略陌生神秘」的刺激，可以填補不完整關係的空洞，支撐受傷害的自尊、復仇、冒險、乏味、精神渙散、逃脫、喪失知覺和樂趣。

一 48 歲，財經顧問

期望的人在一起。有許多的伴侶在一起，只是為了有人可以作伴，而不是基於真愛而廝守。假如兩個人真的是較高層次的彼此相愛，就不會變心，因為你將會因分手而失去更多。

一 37 歲，推銷員

自愛情中逃脫，沒有人知道為什麼？愛情是一個難以捉摸的事情，來得快去得也快，而且沒有合理的解釋。當愛情存在的時候，它是如此光彩。當愛逝去時，它就是個夢魘。

一 50 歲，教師

I *married* my **Wife** because …

I married my Wife because …

愛是沒有理由的。儘管我曾經對愛感到十分的愧疚，假如人們對於現有的關係覺得不快樂，同時產生希望和別的男人或女人在一起的慾望，他們就應該終止原有的關追求刺激沒有什麼善惡觀念。

—38歲，網路工程師

不貞行為發生的原因，我想是因為這些人在尋找目前所擁有的關係中缺乏的東西，但是在展開另一段追逐之前，卻沒有膽子結束現有的關係，這是永遠行不通的。

—37歲，法官

關於外遇，是從未有任何藉口。假如你要在我背後偷腥，就先離開我，那麼就隨妳那顆晦暗的心腸，喜歡和誰亂來就和誰去吧。我本身從來不曾欺騙任何人，也不曾想過要騙誰。

—26歲，保險業務員

基於強烈的道德感、宗教或其他智慧而言。有許許多多對伴侶忠心的男人，認為不貞是索然無味的事情。在我的觀點，認為這一類的男人，非常珍惜自己的家庭生活，總括他們對於外遇的感受，認為這樣的事情，只不過是暫時的、性的惡作劇。他們衡量著這樣的行為所造成的傷害，然後決定抵抗外遇。我認為絕大多數的男人，不管是忠誠的或者是不忠誠，都會或多或少想到和不同的女人發生性關係，有的採取實際行動，有的只是想想而已。

—33歲，銀行專員

我稍微回想起來，我並不總是喜歡這個。可憐的我，有太多不忠誠的遭糕記憶。當我一邊扶養小孩、一邊忙著經營生意時，我的前妻卻忙著在外頭營造她自己的生活，是不包含我們。我覺得這個沒有什麼不對，只不過我似乎失去了什麼東西。我依舊對於（多數）女人存有真誠的敬意，也不會想要傷害任何人，但是，我可以確定自己是愛性的。

—61歲，插畫家

女人百分百

我曾經歷過，也做過這樣的事情。當時我還太年輕，同時，自己也沒有體認到當時所擁有的人，對自己而言有多麼幸福，只任由動物性的本能，放逐自己奔馳於另一片「綠油油的草地」。

一 67 歲，退休的新聞工作者

男人不需要有愛才能有性，這一點和女人不一樣。男人比女人更加需要性的滿足，就好像他們如果不能在家裡獲得性的滿足，有的人就會向外發展，這樣的情況，通常發生在男人覺得在婚姻關係中，得不到親密關係。至於女人，就是已經忘記、不想讓男人覺得自滿，或者是他們的婚姻只是取個方便而已。

一 41 歲，自由工作者

不貞是又臭、又慘忍的事情，也是對於信任最諷刺的衝擊。

一 38 歲，市場調查員

我認為男人通常都扮演獵人或蒐集者（引述自作者羅伯貝克所著的【男人的藉口】），打獵和蒐集的對象，除了動物的毛皮之外，還有叫做「女人」的毛皮。這樣的行為以「正當性」、「男子氣概」、「慾望」等重新定位。同樣說法換到女人身上要怎麼形容？我沒有概念，我存有懷疑的態度，男女的動機總是會有不同，對於此沒有比較高尚的理由，就只是每個人的理由不一樣而已。

—48 歲，治療師

愛是沒有理由的。儘管我曾經對愛感到十分的愧疚，假如人們對於現有的關係覺得不快樂，同時產生希望和別的男人或女人在一起的慾望，他們就應該終止原有的關係。不貞的行為，不等同於性行為，就算只是心靈上的外遇，也和發生性關係一樣，有罪惡。

—35 歲，電腦技術員

married

Wife

I married my Wife becau...

我知道婚姻已經結束，當...

結婚三十年後，當我的太太告訴我：「我們沒有共同的興趣。」我才知道婚姻已經到了結束的時候。剛開始真的讓我無法嚥下這口氣承認。說真的，由我主動提出離婚的要求之後，在過去的七年裡，是我一生中最棒的時光。只有我、我的狗狗，還有許多男的朋友和女的朋友。我現在也愛上我的獨居生活。

一 67 歲，作家

當我決定不願再為她多做一點事情之後，我就知道了。

一 34 歲，室內設計師

當時就算我們兩人在一起，都感覺到寂寞，然後我們開始分居。除了孩子之外，我們不再感覺到和對方有任何關係，當我現在回想才了解這一點(是她先提出分手)。

一 33 歲，會計師

她開始告訴我，她從未真正愛過我。這真的很傷人。

一 37 歲，電腦技術員

當我寧可待在辦公室，也不想回家看到我太太的時候，我看著她卻沒有任何浪漫的感覺。記得有一回我和她去逛車庫拍賣（一般民眾在假日將家中不用的東西，拿出來鋪在自家車庫前空地，或庭院低價出售的活動），我看著她沿街走下去。當時心中在想，假如我不認識她，我是不會回頭多看她一眼。我體會到自己已經娶錯人，因為我必須娶一位會讓我回首的人。

— 32歲，指導員

當我有一天到提款機提款的時候，發現我們夫妻的共同帳戶已經在五天前被凍結了。我就應該知道有什麼事情出狀況。在過去的四夜，她要求性行為的次數，比起我們結婚四年之間她所要的還要更多。

— 48歲，承辦酒席師傅

她懷了另外一個男人的孩子。

— 48歲，電器維修人員

我老婆的工作比我們的婚姻更加重要。

— 48歲，脊椎按摩師

I married my Wife because

I married my Wife because …

有位老牌影星曾經說過：「我絕不會加入一個把我當作會員的組織。」我想這句話正代表我第二次婚姻在哪裡出錯，我們擁有六年美好的、不具有承諾的、不可思議的性關係，但是當我給予承諾，她就開始提出更多，就好像她認為「假如他是如此渴望到要開口跟我求婚，我可不要和他有任何關聯。」這段婚姻，只維持幾個月的時間。

—61歲，退休的廣告公司總裁

當有人愛上你，她就應該體認每個人都有他自己特殊的興趣，不能只是因為踏上婚姻之路，就可以因此改變習性，甚至於也不應該嘗試改變別人。在我結婚時，我每個禮拜會有六天去打球，但是結婚之後，就再也沒有這個習慣，這點馬上成為婚姻結束的開端。只不過，我們夫妻倆努力在一起生活了八年。

—34歲，系統分析師

當我們其中一人睡在沙發上變成習以為常，同時，親密關係變成家庭作業，而不再覺得有興趣的時候。

—27歲，軍人

首先，我們夫妻育有五名完美的孩子。對於他們而言，我們夫妻也是完美的父母親，頭三個孩子在我們結婚的頭兩年半出生，所以我們之間的結合是十分快速穩定，只不過我們真的是忙過頭，忙到無法照顧屬於我們兩個人之間的關係。另一個原因，更加的抽象。簡單地說，是因為我們不曾想過「離婚」會成為我們之間的一項選擇，不管人生的高潮低潮，我們都會相守在一起。等到我們結婚第三十二年，當我提出要搬出去、分開住的時候，就是關鍵的時刻。讓我嚇一跳的是，她搖著我說：「乾脆讓我去找律師，直接把離婚協議書簽好，好嗎？」她絕對和我一樣已經準備好離婚這回事。

—51歲，推銷員

在我們婚姻生活中，曾經有兩三年的時間沒有做愛，我甚至是羞於提及此事（很抱歉，淚水盈滿我的眼框）。在我的婚姻生活中，想要做愛，甚至要先預約。等到我的太太必須用手幫我解決性慾的需求，我知道這段婚姻已經結束。不過，請記得這只是我們離婚的因素之一，卻不是絕對的主因。

—49歲，公司負責人

married

Wife

I married my Wife because ...

她開始顯現出她母親的性格，現在我討厭我的岳母，正如她當時討厭我一樣。她也開始在週日學校，當著大女兒和我們共同朋友們之間，私下批評我的缺點，使得我在那什維爾市沒有半個朋友。

—41歲，大批發經理

她不在身邊時，是我比較快樂的時候。

—30歲，木匠

我拆穿她一個厚顏無恥的謊言。當時一個陌生男子開始打電話給她，我適時接到電話而對方要求和她說話，當時我對她說：「嗨！妳的男朋友找妳。」她接過聽筒，用聽筒打我的頭，而我們的孩子就在旁邊。雖然我滿眼金星卻沒有動手報復，我可以很驕傲的說，我從來沒有動手打過任何一個女人。

—48歲，眼鏡商人

這是幸運的，而且是她說的。她不想再維持這段關係，也不想再改變彼此、或者改變自己。

—37歲，保險業者

她收回當初她承諾「永遠」的誓言。

— 29 歲，法官

當我開始覺得寧可死掉算了的時候。當然，我不是真的不想活了，而是努力想要再次找到快樂的時候，我才明白結束這段婚姻是我唯一能走的路，而唯一能夠不傷害到一堆人的解決方式，就是我死了算了。這樣的想法不曾實現，最後我也重新獲得快樂，所以我脫身了，即使我不是真的開心，至少我已經可以無畏地看著鏡子裡的男人，我知道我做的是正確的決定。

— 37 歲，公務員

她不肯接受我在另一段婚姻所擁有的並且住在一起孩子。

— 45 歲，牙醫

她變胖了、背叛我、同時喪失性的興趣。

— 30 歲，系統分析師

married

Wife

I married my Wife because ...

我不斷地偷腥。

— 35 歲，專案經理

當她對生活不再關心，而我只想脫離，全然不在乎用什麼方式。她不想工作、不想煮飯、清潔，也不想洗衣服，她既不想洗澡，也不想打扮。我想，我娶了一個只愛看電視、不斷更換頻道的女人和專業的抱怨者。假如我知道她會變成這個德性，我是絕對不會娶她的。我試著以心理諮商和她溝通這些事，完全無事於補。因此，我把一切都給她之後，請她走路。

— 37 歲，執行經理

我老婆告訴我，我已經沒有下一次的機會了。

— 43 歲，自由工作者

我們夫妻可以毫無感覺的從彼此身旁走開。

— 41 歲，總監

我們從未努力改變「無法溝通」的情況。最大的障礙在於，她堅持在她的生理時鐘走到盡頭之前，要生孩子。當時我不斷逃避這個問題，漸漸地，變成我們之間最大的影響，不過我們不曾真正吵過架，我想我只是喪失興趣。現在我們已經各走各的路，她偶爾還會打電話來問候一聲。

一 44 歲，地理學家

married my **Wife** because

I married my Wife because ...

我們在一起二十三年，我的妻子被診斷出數種類型的癌症，然後在十一個月後，她就逝世了。她是位甜美、仁慈、美麗和完美的妻子與母親。當她逝世時，享年44歲。毫無疑問，我與她共度一起完成扶養小孩的時光，也共度數年美好的退休生活，共享老年時光。在這裡，我想對讀到這篇文章的朋友多說一句話，假如你正和某人擁有良好的關係，而對方是你所愛和尊敬的人，請你千萬不要輕視這個人或者這段關係的美好，也不要以為這些都是理所當然。要握住她的手告訴她，她有多麼美好，告訴她你有多麼愛她，她在你的生命中佔有多麼重要的位置，要趁早說出口，而且接下來的每一天都要告訴她你心中的感受。因為遲早有一天，你或者是她，將再也聽不見這些話，不要為你來不及說出口的話遺憾終身。

— 53歲，退休的機師

第四章

性愛法則

what makes SEX good, really good?

怎樣會讓「性」更好呢？

當你只為做愛而做，沒有計劃，沒有規則，一切都是美好的。

—31歲，建築工人

渴望擁有對方，用何種方式並沒有關係，不需要特殊技巧和豐富的經驗，只要你盡情在彼此的懷中燃燒。

—37歲，作家

首要之務就屬情感的聯繫，然後需要的是在床上採取主動的女性。我爸爸常說，男性想要的是一位臂膀中的淑女和床上的蕩婦。我同意。

—30歲，木匠

愛對一個人，正如擁有眼前所有的財富，和這樣的人做愛，如同重生。

—45歲，總監

必定有一種熱烈的情緒或混合慾望、熱情和互信，使得性行為可以好到讓你整個腦袋結合在一起。

一 27 歲，電腦技術人員

美好的性是當她看起來很漂亮的時候，同時還要因為我而感覺到高潮。美好的性，除了包含這些之外，還要加上愛情。

一 28 歲，推銷員

一個人完全地袒裎相向和全部的付出。

一 45 歲，房地產經紀人

完美的性有兩種形式。第一，當彼此之間存在愛和情感，當你們望進彼此的眼底，可以感受到兩人之間的愛意，蠟燭、柔和的音樂，或者再來些玫瑰花瓣。第二，真正熱氣騰騰的性行為，是讓你來不及脫光衣服，而且不在乎任何時間和地點。簡單的說，我猜應該是你的伴侶給予你的感覺。

一 30 歲，公司負責人

SEX

really

what makes *SEX* good, *really* good?

溝通。

一 33 歲，軍人

別再壓抑你自己，對自己的身體要有自信，同時願意與你的伴侶分享。

一 35 歲，財經企劃專員

需要全心參與的伴侶。我得說在我曾經聽過的，關於女人抱怨男人在床上有多麼糟糕，依照過去我曾經擁有過的愛人之中，有百分之七十五都認為，在做愛的過程中，女人所扮演的角色只是躺在那裡。渴望是很性感的，不管你相不相信，我還是要說，當妳偽裝的時候，我們是可以知道的。順便一提的是，我們可不是白痴，好嗎？可能我們男人有點白痴，但是至少不是你所想的那麼笨。

一 34 歲，製作人

深刻的愛、親密行為、時間、耐心、試探、自由自在和不再壓抑，同時，自己的快樂多數來自於你的伴侶的愉悅。

— 48 歲，脊椎按摩師

這聽起來或許有些陳腔濫調，我認為是「愛」讓「性」變得特別，同時給予你正確所需的一切。

— 38 歲，網路工程師

性，滿足對於感覺到個人存在的強烈要求。

— 50 歲，教師

另外一半真正的、徹底的配合，顯示她真的願意和你做愛，做著她正和你做的事。

— 47 歲，建築承包商

我知道這麼說很老套，只要她純真、不虛偽和誠實，這一切都已足夠。

— 38 歲，戶外泛舟教練

what makes *sex* good, *really* good?

當女人在某一天是性感和充滿女性嬌柔，而且做愛的前戲和挑逗，可以在任何時間和地方發生。她穿衣服的方式、觸感和她的味道，同時激起我的情慾。性行為本身不是結束，性是超越和多元化。口頭的玩笑和黃色書刊也都不錯。輕微的暴露癖好，有時候會很好玩，或者是嘴巴說些幻想的事情也不錯。女人真心喜歡偶爾可以輕薄一下，是很重要的部分，這個好處就像深情的做愛一樣。這一點對男人而言很重要。

— 53 歲，人力資源訓練講師

當你有段時間沒有性行為的時候，就覺得特別美好。

— 27 歲，自由工作者

沒有比起和自己真正關心的人在一起的性愛更好。只不過，事實上我並未和每個上過床的人談戀愛，這些是屬於非常有經驗和充滿肉慾的對象。

— 30 歲，藥劑師

當一位女士可以在床上毫無猶豫的表現出自己的感覺，不要退卻就是最棒的，切忌扮演穿著白衣天使般的純真處女，妳知道用什麼方法，可以不需要一堆的「步驟」，就可以讓男人知道妳想要什麼。多數和我上過床的女人(不是全部)，都是我已經認識蠻長一段時間的人。我不主張馬上上床，這樣的做法沒有完成任何事情，同時對於剛剛起步的關係而言，可能是一大敗筆。

— 52 歲，眼鏡商人

只要和正確的女人在一起，就能擁有最大的快樂。

— 22 歲，軍人

全賴在你和她雙耳之間六英吋的距離中，你可以做得多麼充滿感情和有智慧。

— 44 歲，推銷員

了解某位女士，同時先從做朋友開始。

— 31 歲，網路工程師

what makes *SEX* good, *really* good?

女人百分百

我一向對於在跟我求歡，或者讓她自己產生興奮的過程中，能和我保持四目交接的女性特別有興趣，這樣的女人特別好色。我曾經認識天生會這麼做的女人，就算是除了做愛這件事以外，其他的相處都不對勁，光和她做愛是非常非常棒的經驗，就像我和我的前妻（第二任）當時那種四目交接的感覺，長存我心。

—61歲，退休的廣告公司總裁

自我教育，同時就所學的實戰演練。

51歲，推銷員

化學反應。有就是有，沒有也無從強求。

—38歲，演講人

信任和開放就夠了。

—26歲，影片剪輯

親密行為、關懷、安全感和放鬆自己。

—36歲，保險業務員

做愛之前做的那些事，要放慢腳步，按摩（用你的指頭滑過肌膚，也可以用按摩油）。

— 48 歲，工程師

和我所愛的人，以及讓我覺得親近的女人。這個人還得真的喜歡性，讓我感覺自己真的使對方獲得滿足。

— 37 歲，金融分析師

炙烈、濃純的熱情，釋放這一切，躺下來讓自己變「色」。

— 39 歲，建築師

分享的能力，自在地體驗任何一種美好的感覺，試探未知的一切驚喜，令人滿意的性的言詞。

— 44 歲，武術指導

溫柔而緩慢。

— 54 歲，房地產經紀人

what makes SEX good, really good ?

what makes SEX good, really good?

我認為美好的性愛，是兩個人真心誠意的希望和伴侶分享一切，讓伴侶可以獲得滿足，漸漸地你會知道這位伴侶喜歡什麼、不喜歡什麼，你就會只做她喜歡的事。當然，你要讓一切顯得火辣辣地，避免變成固定的模式。不過基本上，我們今天喜歡的是明天會喜歡的事情，既然每天不同，至少你就必須隨時保持自身的靈敏度。

—37歲，公務員

要回答這個問題，很難不重提關於性別角色的陳腔濫調。多數男人吹噓著他們捕獲的獵物，是那種居住在高山上依據某特別的舊習俗，依照如此就可以被認定為男人。我相信凡是那種大花篇幅，告訴你如何使性美好的理想答案的男人，正是那種典型的、吹牛他們有多少獵物數量的男人。我想至少從這一點，可以把男人區分成二種。

—35歲，教師

關於接吻最喜歡(及最討厭)的部份以及接吻最棒(及最糟)的是什麼？

最喜歡的部份，親密感、感官的刺激。知道和我接吻的女人，百分之百「在我眼前」。最反感的部分，除此之外的部位。

— 41 歲，房東

潮濕的舌頭滑過嘴唇和脖子。

— 31 歲，建築工人

最美好的是玩樂的吻，每個接吻的人同時付出和擷取。我不喜歡女人硬把她自己的舌頭伸入我的嘴巴，然後就待在裡頭的感覺。

— 38 歲，會計師

what makes SEX good, really good?

what makes SEX good, really good?

女人百分百

最好：一個紳士是不會說出這種事情，不過，珍，假如妳看見這篇，我很想妳。
最糟糕：第一次我伸出我的舌頭，但對方女子卻幾乎反胃。

—29歲，推銷員

將舌頭溫柔體貼地伸入嘴巴，接觸和挑逗，不要嚐試藉此壓倒對方，至少剛開始的時候要溫柔，再慢慢加強。是的，這是會有差別的，我喜歡先溫柔的觸摸，將我的唇移到她的唇上，做輕微的接觸，可不是要製造七點五級的大地震。我所知道的女人，似乎喜歡將她們的舌頭游移到男人的扁桃腺。對我而言，親吻是很紳士的事情。感受到女人的嘴唇和溫度，用一種緩慢而輕鬆的方式釋放你的慾望。對所有的事情，抱持耐心是個不錯的建議，我想對接吻也是一樣的道理。不要急躁，享受這經驗，接吻時不妨多磨蹭一會兒。

—28歲，股票分析師

最好：長時間、用力、潮濕且發出熱情的氣息，完全讓人渾然忘我。
最糟糕的：輕輕啄著，發出可笑的聲音。

—26歲，影片剪輯

在充滿情慾的炙熱氣息中親吻，在做愛的過程中親吻著脖子和耳朵的後面。

—38歲，公務員

接吻的時候，應該溫柔地開始，不要濕答答或乾燥不堪，嘴巴微微張開，略傾斜著頭，將你的雙唇輕輕壓在她的唇中央，一遍又一遍，左右轉動你的頭，每一個吻的時間漸漸加長。當你感覺到更加熱情，和她親吻變得越潮濕，你的舌頭伸入她的嘴裡，更張開嘴巴，再激情地將你的舌頭往下移動到她的脖子，接著一路往上吻到她的耳朵，用指背以最輕柔的方式撫摸她的臉頰，接著親吻她的頭。

—45歲，攝影師

what makes SEX good, really good?

what makes *SEX* good, *really* good?

最喜歡：我最喜歡女人含住我的舌頭的感覺。脣膏象徵色情。在接吻時，擁有個女人對你敞開她自己，人們可以藉此感受到慾望。
最不喜歡的：閉著嘴巴接吻，讓你必須刺探她的情緒。
最美的吻：對象是經歷過長達八年缺乏愛的婚姻後，正在辦理離婚的女人，她將唇壓在我的唇上，經由她的唇和舌，清楚表達她所有的寂寞、渴望、慾念，以及太久沒有和任何人發生過親密行為的傷痛。

一37歲，銀行專員

最喜歡：當你感覺到你的伴侶喉嚨後的熱氣。
最討厭：當你的伴侶自顧地將接吻當作自己的前戲。最美好的經驗，是跟我的前女友，在我們第一次見面的時候。最糟糕的經驗：也是和我的前女友，在我們的關係步向尾聲時的親吻。

一33歲，電器維修工人

我所經歷過最美好的吻是幾年前，我在網路上認識一個女子，前六個月我們從網路上交談，接著電話交談，我們陷入愛情，對於彼此的長相卻沒有一點概念（當時電腦掃描器還沒有這麼普遍，在網路上流傳的照片是少之又少）。當我們終於決定見面，我們同意在她的公寓碰頭，我會敲門，兩個人都要閉上眼睛，她會牽著我的手，將我引到沙發上。她坐到我身邊，依舊閉著雙眼的倆人，在說任何一個字之前，要先接吻，這就是我這輩子最神奇的一次親吻。

—51歲，公司經理

不斷地迴旋和迴旋。

—41歲，藥劑師

最美好的親吻？在七月四日國慶的搖滾舞會與一位特別的小姐，站在一個露天的舞池中，不記得當時樂隊播放的歌曲，卻記得火焰（是真實的，且存在我們的腦海中），在整個地平線爆裂出光芒。

—39歲，程式設計師

what makes *SEX* good, *really* good ?

有如生命實況轉播的短片，我所能形容最好的方式，就是我會用我的雙唇畫圈圈、用我的雙唇吸吮她的上唇，然後用迂迴的韻律游移於她的雙唇中間，重複親吻她的嘴角，接著吸吮她的下唇，再沿著吻到另一個嘴角，現逐一分別親吻著上唇或下唇。當我的雙唇沿著她的嘴唇摩擦，會讓對方感到喜悅的心情。

— 50 歲，教師

我喜歡接吻，或者是被吻到暈眩。想要讓女人親吻，不只是碰觸到嘴唇而已，而是整個圍繞著你的唇、吸吮著、一路沿著吻、不斷的發掘，分別親吻雙唇，擁有一種潮濕的情緒，嘴唇愛撫著、下巴摩擦著，接著吻到頸部、吻到耳朵，再滑過臉頰。

— 37 歲，藝術指導員

我猜想一切應該先從男女之間的化學反應開始。就好像要地震之前，必須先醞釀足夠的能量，在彼此的雙唇接觸之前，兩個人的心跳一致，分享著相同的溫度。親吻是兩個身體的所有熱情和慾望的轉換，壓力要漸漸地形成，所以剛開始的時候，一定是緩慢而小心，再轉到徹底分享對方的感應。雙唇應該先溫柔的接觸，接著分開，假如已經擦出火花，再一個溫柔的吻，只不過停留的時間比較久一點。重頭戲從彼此張開的嘴巴開始，舌頭輕微的接觸、溫柔地共舞，然後漸漸深入，直到舌頭品嚐著彼此的味道。倆人的舌頭像是鎖在一起，彷彿為了不讓彼此的情慾脫逃，在其間加上封印。最後，當身體的反應跟不上互換的熱情，雙嘴分開而釋出嘆息。

—41歲，卡車司機

「差勁」的程度差異。

—48歲，化療師

what makes *SEX* good, *really* good?

最美好的吻是和一位我將她稱之為薑花的女士，在一個寒冷的火車廂，兩個人蜷縮在毯子裡，火車開到佛瓦尼和芝加哥之間，那已經是二十三年前的事情。至於最糟糕的，我不認為有最糟糕的接吻，我覺得應該只是比較嘴唇越是柔軟而潮濕，親吻的時刻越令我迷惘。

—34 歲，公司負責人

最好：是和我的未婚妻，可以感覺到愛的火焰。
最糟：抽煙者，實在噁心。

—42 歲，會計師

不喜歡有的人接吻時把嘴巴開得過大。

一 30 歲，卡車司機

最喜歡的：我喜歡用整個嘴唇親吻，柔軟、堅定和綿長，不過，不是會讓人窒息的那一種，而是舌頭溫柔的輕觸。

討厭的：硬梆梆、像是刷子攻擊般。最棒的是當我們的雙唇融化在一起，而我們的舌頭無意識地仿如共舞著華爾茲。最慘的是產生阻礙、緊張、自我作祟，或者是口腔非常臭。假如在口交之後接吻，是很奇怪的事情，只不過我不想掃她的興。

一 43 歲，機器維修人員

what makes *SEX* good, *really* good?

雖然有點詭異，但是我喜歡（或者是應該會喜歡）...

整晚的狂喜，在女人的閨房裡，她用舌頭舔過我的全身（我知道這聽起來有點老套）。

—26歲，影片剪輯

一位女同志與我分享她的經驗，假如男人有別的答案，那麼他就是在說謊。

—38歲，工人

跟一位女士參加時髦的俱樂部，我們有沒有實際參與並不重要，我只是想加入其中。

—46歲，金融專員

有個女人在我們都喝醉的晚上將我綁起來，她為我蒙上眼睛等。我從來沒有想過這樣的事情，不過，經歷全然無助是絕妙的經驗。從那次之後，就不曾再有過，我倒是想再試試看。

—30歲，推銷員

在公開的場所「猥褻」，不是因為這樣可以讓大家觀賞，我的意思是比方說，在燈光昏暗的餐館的桌面底下，或者是在男人的房間，或者在不隱密的地點，身處在一般預期的環境以外的地方，會有一種非常、非常刺激的感覺，這不只是「可能會被發現」的那種心情刺激，而是一種「我們已經等不及了，我們現在就要佔有彼此」的感覺。另外，特別強烈喜歡衣衫整齊地亂來一通，而且是要從四面八方、任何地方探索，我想這是比較偏向「現在就要你」的方面。不管是什麼樣的情況，這樣的行為就是很熱情。

—26歲，廣告個案經理

what makes *SEX* good, *really* good?

我會想要擁有一卷和我的愛人做愛的錄影帶。

—58歲，退休的公務員

這個問題讓我沉思了好一會兒，我想有時候我比自以為的更加古板一些，喜歡傳統的性行為，特別喜歡女人在上的位置，沒有什麼特別詭異的行為真的令我喜歡，從另一方面而言，我對其他不同的建議，都不反對嚐試看看。

—50歲，教師

當我做愛的時候，房間裡還有另外一對情侶，這樣有些非常「年少輕狂」，而且也很「污穢」。就是這些感覺讓這樣的行為很刺激，或者是在下午的時光，攜伴在建築物頂樓做愛，也可以是在私人海灘上做愛，或在湖面飄蕩的船上做愛。但是一定要做著這件事的兩個夥伴都覺得刺激，否則就一點都不好玩。

—35歲，律師

加入高空做愛的俱樂部吧！在離地球數萬英呎的高空上，擁擠的飛機艙裡跟我的未婚妻做愛，嘿咻嘿咻。

— 30 歲，木匠

我最喜歡當一個女人在做愛的時候是全然不受到教條規範，這樣的說法，表示她不介意我對她做任何事情，但並不包含傷害她、或者讓她有任何形式的不舒適感。比如說，讓我用舌頭舔過她的全身上下。對我而言，是最為色情的做愛方式，對於有些人會認為這樣做很怪異。不過，對我而言，這只是一種表達我的愛意的方式，而且做愛沒有任何骯髒的地方。

— 37 歲，電腦技術人員

這個問題很難回答，只要是和「有感覺」的伴侶在一起，都是非常棒的，我倒不看好使用什麼詭異的做愛方式。

— 38 歲，推銷員

SEX *really*

what makes SEX good, really good

假如真的出現這樣的機會，我真的不知道自己的反應會是如何，只要我也參與其中，對於除了我太太或者我的女朋友之外，我應當不介意看見另外一個女人。不過，我不認為自己可以和一對陌生人做這種事，就算是我已經和他們很熟識。

—36歲，網頁設計師

躺在海灘上，再配上香檳酒，然後在我的愛人身上吃新鮮的草莓和鮮奶油。

—42歲，公司經理

我很願意嚐試不同的性行為，儘管有的人會認為這些事情很詭異。我喜歡肛交的刺激，我一直有個想像，一個女人拿著有皮帶的假陽具，讓女人主控會是很有趣的事情。

—32歲，指導員

我喜歡扮演主人，而且擁有一位性奴隸。

—48歲，印刷業者

我的女人約會時，她只穿著軍用的雨衣和臉上的微笑。

—38歲，教師

我最喜歡雙方的角色輪流對調。當我主控的時候，通常伴隨著輕微的奴役和支配慾（中等程度的）。當我的女伴主導的時候，運用她的想像力，讓我猜想的時候，讓我驚喜，會讓我覺得十分享受。女人可以自然表現自己的性慾，是最為美麗的表現。

—45歲，房地產經紀人

SEX

really

what makes SEX good, really good?

在我的想法中，讓女人達到高潮是...

最重要的關鍵，在於覺醒的層次。有的人就是適合於相處在一起，這樣是最棒的，有的人會不適合彼此，就很讓人討厭。

—36 歲，網頁設計師

前戲時間夠久，而且親密。運用許多挑逗、不斷試探以及觸摸。

—42 歲，大學助教

在她容易興奮的位置，用口的刺激或者是按摩的方式，這是性行為中不可缺少的過程。

—41 歲，大批發經理

沒有東西可以比得過用現代的電子玩具施予神經末梢的刺激。尤其是運用圖像的指引，幫助她探索禁忌幻想，尤其有效的方式是集中注意力在她的肌膚和腦海。

—48 歲，金融顧問

當她真的想要的時候。

— 48 歲，藥劑師

妳已經知道什麼狀況會讓她興奮，而且照著做。比方說我的第二任太太，喜歡有一點凶惡的東西（雖然我本身並沒有這樣的偏好，經由她的要求，我會適度地用鞭子打她）。

— 61 歲，退休的廣告公司總裁

因人而異。有的人只要做愛位置在上就會興奮，多數的人在餐桌、衣櫃、櫃檯等，我的話是站著做愛會讓我興奮，還有的人是要有口交，有的人喜歡我從後面插入的姿勢，再加上手的刺激。

— 32 歲，政府約聘雇員

沒有慾望讓她快一點獲得快感，或者是讓她獲得更強的快感，就是當那一個時刻來臨，逐漸的增強和釋放，再不斷的釋放，懂了嗎？

— 50 歲，化療師

SEX

really

what makes *SEX* good, *really* good?

女人百分百

在一段有趣的前戲之後（附帶說明，在這階段還沒有脫光衣服，是做愛前戲）。通常對女人陰部口交的效果更快，不過，有些女人很討厭這種方式。

—26歲，健康食品經銷商

嗯，很難回答。

—37歲，建築工人

她就只是順其自然。假如女人真的夠熱情，平常有健身，做愛時情緒高漲而且完全放鬆，就會是個美妙的經驗。我曾經親眼目睹(親耳所聞)。一位女士藉由電話性交達到高潮（我這位朋友要求有人在旁分享），而且她在當時非常希望可以經驗快感，她也真的有一段狂歡經驗。天呀，請想想看，我希望這樣的事情是多多益善。

—26歲，廣告專案經理

每個女人獲得快感的地方不一樣。在我和最後幾個交往的女人的經驗之中，她們並沒有獲得快感，不管如何嚐試和指引，就是沒有發生，我想這是她們的損失。

—33歲，建築師

她讓你知道什麼方式可以讓她獲得快感，並且信任這個男人，然後放開一切。

— 43 歲，藝術指導員

對她施以美好而長時間的按摩。

— 42 歲，媒體人

我和她談話，告訴她，她是多麼的令人滿意，我有多麼喜歡她的身體，很生動地表達，同時撫摸、親吻、品嚐她身體的每一個部位。我曾經和一位女士做愛時，我只是吸吮她的乳頭就讓她達到高潮，只不過這是發生在我們已經連續做愛好多次之後，才發生的情形。

— 47 歲，設計師

當她對我感到強烈的吸引力，以及進入的角度。

— 48 歲，眼鏡商人

當她完完全全百分之百、無條件的陷入愛情時。

— 24 歲，分析師

SEX

really

女人百分百

你要花上許多時間在言詞上的、或者是沒有性行為的前戲上面。

— 41 歲，公司經理

每個女人都不一樣，一般而言，當我用口交的時候，是最快讓對方達到快感。

— 30 歲，資訊系統分析師

她都自己來。

— 43 歲，消防員

男人必須做兩件違背風紀的事情。首先，他必須花時間尋找他的伴侶天生的律動。其次，在求愛之初，他必須做到讓她覺得開心為止。只要做到以上二點，敢跟你打賭，不要幾分鐘後，他會變成快樂的男人。

— 34 歲，會計師

women's note

女人百分百-男人心中的最愛

作者	海莉・伯特琪
譯者	周秀玲
發行人	林敬彬
主編	郭香君
責任編輯	許淑惠
美術編輯	陳靜慧
封面設計	陳靜慧
出版	大都會文化 行政院新聞局北市業字第 89 號
發行	大都會文化事業有限公司
	110 台北市基隆路一段 432 號 4 樓之 9
讀者服務專線	(02)27235216
讀者服務傳真	(02)27235220
電子郵件信箱	metro@ms21.hinet.net
郵政劃撥帳號	14050529 大都會文化事業有限公司
出版日期	2002 年 5 月初版第 1 刷
定價	NT$180 元
ISBN	957-30017-4-8
書號	Fashion-002

Print in Taiwan

＊本書如有缺頁、破損、裝訂錯誤，請寄回本公司更換

國家圖書館出版品預行編目資料

女人百分百-男人心中的最愛 / 海莉・伯特琪著；周秀玲譯

----初版----

臺北市：大都會文化發行，

2002 [民 91]

面： 公分 --（流行瘋系列： 2）

譯自： What do men want ？： real men expose their needs & desires

ISBN ： 957-30017-4-8（平裝）

1.兩性關係 2.成人心理學

544.7　　91004031

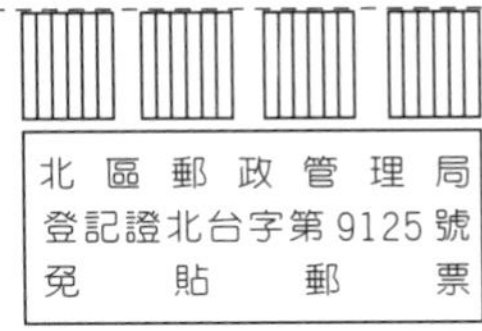

大都會文化事業有限公司

讀者服務部收

110 台北市基隆路一段 432 號 4 樓之 9

寄回這張服務卡(免貼郵票)
您可以：
◎不定期收到最新出版訊息
◎參加各項回饋優惠活動

大都會文化 讀者服務卡

書號： Fashion-002　女人百分百-男人心中的最愛

謝謝您選擇了這本書！期待您的支持與建議，讓我們能有更多聯繫與互動的機會。日後您將可不定期收到本公司的新書資訊及特惠活動訊息。

A.您在何時購得本書：＿＿＿年＿＿＿月＿＿＿日

B.您在何處購得本書：＿＿＿書店，位於＿＿＿(市、縣)

C.您從哪裡得知本書的消息：1.□書店 2.□報章雜誌 3.□電台活動 4.□網路資訊 5.□書籤宣傳品等 6.□親友介紹 7.□書評 8.□其它＿＿＿

D.您購買本書的動機：(可複選)1.□對主題或內容感興趣 2.□工作需要 3.□生活需要 4.□自我進修 5.□內容為流行熱門話題 6.□其他＿＿＿

E.您最喜歡本書的：(可複選)1.□內容題材 2.□字體大小 3.□翻譯文筆 4.□封面 5.□編排方式 6.□其它＿＿＿

F 您認為本書的封面：1.□非常出色 2.□普通 3.□毫不起眼 4.□其他＿＿＿

G.您認為本書的編排：1.□非常出色 2.□普通 3.□毫不起眼 4.□其他＿＿＿

H.您通常以哪些方式購書：(可複選)1.□書展 2.□逛書店 3.□劃撥郵購 4.□團體訂購 5.□網路購書 6.□其他＿＿＿

I.您希望我們出版哪類書籍：(可複選)1.□旅遊 2.□流行文化 3.□生活休閒 4.□美容保養 5.□散文小品 6.□科學新知 7.□藝術音樂 8.□致富理財 9.□工商企管 10.□科幻推理 11.□史哲類 12.□勵志傳記 13.□電影小說 14.□語言學習（＿＿語） 15.□其他＿＿＿

J.您對本書(系)的建議：＿＿＿

K.您對本出版社的建議：＿＿＿

讀者小檔案

姓名：＿＿＿ 性別：□男 □女 生日：＿＿年＿＿月＿＿日

年齡：1.□ 20 歲以下 2.□ 21 — 30 歲 3.□ 31 — 50 歲 4.□ 51 歲以上

職業：1.□學生 2.□軍公教 3.□大眾傳播 4.□ 服務業 5.□金融業 6.□製造業 7.□資訊業 8.□自由業 9.□家管 10.□退休 11.□其他＿＿＿

學歷：□ 國小或以下□ 國中□ 高中／高職□ 大學／大專□ 研究所以上

通訊地址：＿＿＿

電話：(H)＿＿＿(O)＿＿＿ 傳真：＿＿＿

行動電話：＿＿＿ E-Mail：＿＿＿